人間は料理をする

㊤ 火と水

マイケル・ポーラン
野中香方子＝訳

Michael Pollan COOKED
A Natural History of Transformation

NTT出版

COOKED

A Natural History of Transformation

First published in the United States by The Penguin Press,
part of the Penguin Group (USA) Inc., 2013
Japanese translation published by arrangement with
Michael Pollan c/o International Creative Management, Inc.
acting in association with Curtis Brown Group Ltd.
Through The English Agency (Japan) Ltd.

イラストレーション—くぼあやこ
ブックデザイン—鈴木成一デザイン室

ジュディスとアイザック、
そしてウェンデル・ベリーに捧ぐ

人間は料理をする㊤火と水　目次

第二部　水——七つのステップのレシピ　149

（下巻目次）

序論――なぜ、料理か？

I

人生も半ばを過ぎた頃、予想外の幸せな発見をした。ずっと心をふさいでいたいくつもの疑問が、たったひとつの答えで解決するとわかったのだ。

その答えとは、料理である。

疑問のいくつかは個人的なものだった――どうすればもっと健康で幸福な家族になることができるだろう？　とりわけ、ティーンエイジャーの息子とうまくやっていくには、どうすればいいだろう？（後で述べるようにこの疑問に関しては、通常の料理だけでなく「醸造」と呼ばれるプロセスも必要だった）――そのほかの疑問はやや政治的なもので、この数年間、わたしは次のような問いの答えを模索してきた（と言うのも、しばしば人からそう問われてきたからだ）――一市民として、どうすればアメリカの食料システムをもっと健康的で持続可能なものにできるだろう？　消費社会に暮らしながら自給自足の度合いを高めるには、どうすればいいだろう？　――もっと哲学的な疑問もあり、それは著作を始めた頃からずっと考えてきたことだ——日常生活の中で、どうすれば自然界と人間の役割をより深く理解することができるだろう？　——そしてわたしは気づいたのだ。これらの問いと向き合うために森へ出かけるのもよいが、ただキッチンへ行くだけで答えが見つかるということに。

先に述べたように、それは思いがけない発見だった。料理は常にわたしの人生の一部だったが、家具のように当たり前の存在であり、深く追求したり、情熱を注いだりするものではなかった。ありがたいことに母は料理好きで、毎晩おいしい食事を作ってくれた。ただそれだけのことだった。子どもの頃は、夕飯を作る母のそばで過ごし、少し大きくなってからは自分で台所に立つこともあったが、料理というほどのものは作らなかった。自分の家を持ってからは、時間があれば料理したが、実のところそんな時間はほとんどなかった。つまり、わたしの料理の腕前は、三〇歳になるまでほぼ凍結されていたのだ。正直なところ、これまで作った中で上出来と言える料理はすべて調理ずみの食材を使ったもので、例えば、買ってきたラビオリにセージバターソースをかけるといった具合だった。貧弱なレパートリーを少しでも増やそうと、料理本を読んだり、新聞のレシピを切り抜いたり、目新しい道具を買ったりもしたが、結局、それらの大半はしまい込まれたままになった。

今になって思えば、食べ物に強い関心を持つわたしがずっと料理に無関心だったのは、驚くべきことだ。八歳のときから家庭菜園で野菜を育てていたし、大人になってからも農場で過ごすのが好きで、農業に関する本を書いてきた。フードチェーン［食べ物の流れ］において「料理」の対極にある「食べること」と、それが健康に及ぼす影響についても文章を書いてきた。しかし、フードチェーンの真ん中にあたる部分、つまり、自然の産物が食べ物や飲み物に変わる段階について、じっくり考えたことはなかった。

しかし、ある日、テレビを見ながらひとつのパラドックスに気づいた。それは、わたしたちは、キッチンを捨て、食事の大半を食品産業に委ねるようになってから、むしろ食べ物について考えたり、テレビの料理番組を見たりする時間が長くなったのではないか、というものだ。日々の生活の中で、料理にあてる時間が短くなればなるほど、わたしたちは食べ物と他人が作った料理に引き寄せられていくように思えた。

アメリカの社会は、この問題について少なくとも二つの考え方を持つようだ。サーベイ・リサーチによると、アメリカ人は年々料理をする時間が減り、調理ずみの食品を買うようになっているそうだ。食事の準備に費やす時間は、わたしが夕飯のしたくをする母を見ていた六〇年代半ばに比べると半減し、一日わずか二七分ほどになった（ほかの国はアメリカよりましだが、この傾向は世界的なものだ）。その一方で、わたしたちは料理についてより多く語り、料理番組を見たり、料理に関する記事を読んだり、オープンキッチンのレストランへ出かけたりするようになった。プロの料理人が話題を集め、中にはスポーツ選手や映画スター並みの有名人までいる。多くの人は料理するのを面倒だと思っているようだが、どういうわけか料理自体は、世間の関心を集める一種の娯楽になってきた。二七分間は、「トップ・シェフ」や「ザ・ネクスト・フード・ネットワーク・スター」［アメリカの料理番組］の一回分より短い。つまり、人々は料理するより、料理番組を見るのに、より長い時間を費やしているのだ。いくら熱心に見ても、腹が満たされるわけではないのだが。

これはどう考えてもおかしい。わたしたちは今では靴下を繕ったりしなくなったし、車のオイル交換も人まかせにするようになった。そうした家庭内の仕事については、嬉々として外部に委託し、それを再現する番組を見たり、本を読んだりはしない。しかし、どういうわけか料理となると話は違ってくる。その作業、あるいはプロセスには、感情や精神に強く訴える力があり、わたしたちはその魅力から逃れられないのではないだろうか。実際わたしが、料理についてもっと真剣に考えるべきではないかと気づいたのは、テレビの料理番組を長々と見た後のことだった。

＊

この「料理パラドックス」を説明するために、わたしはいくつか仮説を立ててみた。まず明らかなのは、ほかの人が料理するのを見るのは今に始まった行為ではないということだ。家庭で時間をかけて料理していた頃でも、男性の大半と子どもはただ見ているだけだった。わたしたちの多くは、母親が台所で魔法のような技を使って、おいしい料理を作ってくれたことを覚えている。

古代ギリシャでは、料理人、肉屋、聖職者を指す言葉はひとつ――mageiros――で、その語源は「魔法（magic）」と同じである。確かに、母が作る魔法のような料理は、いつもわたしをうっとりさせた。キエフ風フライドチキンにナイフを入れると、溶けたバターがあふれ出て、ハーブの香りが広がった。ごく普通の料理、例えばスクランブル・エッグでさえ、どろどろした黄色いものが、おいしそうな金色の塊に変わるさまは魅惑的だった。不思議なことに、どれほどありふれた料理でも、材料を足した以上のものになっていく。しかもほとんどの料理には、材料だけでなくドラマの要素が詰まっている。始まり、中盤、終わり、というように。

そして、このドラマを動かす英雄が料理人だ。料理をする音やリズムは日常から消えつつあるが、わたしたちはそれらに惹きつけられる。料理人の仕事は、抽象的で形のないおおかたの仕事より、はるかに直接的で満足をもたらすように思える。料理人が触れるのは、キーボードやパソコンの画面ではなく、植物、動物、キノコといった素材そのものだ。また料理人は、火、水、土、風というこの世界の基本的な要素とともに働き、それらを使って――思いどおりに操って――味覚の錬金術を行うのである。今の時代、チキンはこんがり焼けているか、スフレは潰れていないかというように、材料と対話しながら進める仕事はごくわずかだ。

料理番組や料理本が人気なのは、わたしたちが、料理から遠ざかったことによる喪失感をそれらで埋めようとしているからなのかもしれない。自分には料理をする時間やエネルギー（そして、知識）はないと思っていても、料理が日々の暮らしから消えるのは耐えられないのだ。人類学者が言うように、料理が人間ならではの行動――クロード・レヴィ＝ストロースによれば、文化を生み出した行動――だとすれば、人が料理する様子を見て、心を打たれるのも、無理はないだろう。

＊

料理を人間ならではの行動と見なす考え方は、新しいものではない。一七七三年、スコットランドの著述家、ジェイムズ・ボズウェルは、「料理する獣はいない」と記し、ホモ・サピエンスを「料理する動物」と呼んだ（もっとも、ウォルマートの冷凍食品ケースを見たら、彼はその定義を改めるかもしれない）。五〇年後、美食家として知られるフランスの法律家、ジャン・アンテルム・ブリア＝サヴァランは、その著書『美味礼賛』において、料理が人間を人間たらしめた、と述べた。料理のために火の使い方を覚えたことが、「文明を大いに進歩させた」と彼は言う。もっと最近では、一九六四年にフランスの思想家、クロード・レヴィ＝ストロースが、『生のものと火を通したもの（神話論理Ｉ）』の中で、世界の多くの文化において料理は、「動物と人間の線引きをする象徴的行為と見なされている」と述べている。

とはいえ、レヴィ＝ストロースにとって料理は、人間が自然を文化に変えることの喩えにすぎなかったのだが、『生のものと火を通したもの』が世に出た数年後には、ほかの人類学者たちは、料理の発明は人類進化の鍵を握っているのではないかと考えるようになった。数年前、ハーバードの人類学者で霊長類学者のリチャード・ランガムは、『火の賜物――ヒトは料理で進化した』という魅力的な本を上梓し、人類と類人猿を分けたのは、料理の発見であり――道具の製作や、肉食や言語ではなかった、と論じている。彼の「料理仮説」は、料理の発明こそが人類の進化の方向を変えたと説く。料理によって栄養価が高まり消化しやすくなったものを食べるようになると、人類の脳は大きくなり（脳は多くのエネルギーを必要とする）、胃腸は小さくなった。生の食物は、咀嚼と消化により多くの時間とエネルギーを要するので、人間以外の霊長類は、体のサイズは人類と同じでも、消化管が長く、咀嚼に多くの時間――日に六時間も――を費やす。

つまるところ料理とは、外部のエネルギーを用いて、体に代わって咀嚼と消化を行うことなのだ。また、料理は多くの素材の毒を消すため、人類は、ほかの動物には利用できないカロリーを摂取できるようになった。料理を始めたことで人類は、大量の食料を集めて延々と咀嚼しつづける生活から解放され、時間とエネルギーをほかの目的に使えるようになり、その結果、文化が生まれたのである。

料理は、食料だけでなく、社会の発達ももたらした。人類は、決まった時間に決まった場所で、集団で食事をとるようになった。これは新しいことだった。それまでは、ほかの動物と同じく、ひとりひとりが食料を見つけ、自分だけで食べていたのだ（そういう意味では、外で個食することが増えた現代人に似ている）。料理されたものを囲んで座り、視線を交わし、食べ物を分け合い、自制することは、社会性を育てた。「食料を焼く火を囲むうちに、人類はおとなしくなっていった」とランガムは書いている。

このように料理によって人類は社会的になり、礼儀正しくなったが、恩恵はそれだけではなかった。料理のおかげで消化能力を倹約し、余ったエネルギーで認知能力を発達させられるようになったのだ。人間の大きな脳と小さな胃腸は、料理された食べ物に支えられているのである（生食主義者は注意されたい）。これが意味するのは、人間は料理なくしては存在しえないということだ。かつてウィンストン・チャーチルは、建築について「まず人間が建物をつくり、それから建物が人間をつくった」と述べたが、同じことが料理についても言えるかもしれない。まず人間が食べ物を料理し、それから食べ物が人間を料理したのだ。

＊

ランガムが言うように、料理が人間のアイデンティティ、生態、文化の拠りどころであるとすれば、今日の料理の衰退はわたしたちに重大な影響をもたらすはずであり、実際、もたらしている。それは悪いことばかりだろうか？　そうではない。料理という作業の大半を産業が請け負うようになったおかげで、女性は重荷から解放され、外で働きやすくなり、家庭内での性別役割分担をめぐる対立も解消された。また、家事に縛られる時間が減ったことで、ほかのことをする余裕が生まれた。さらに、選択の幅が広がり、料理の腕がなくても、お金持ちでなくても、毎晩、バラエティ豊かな食事を楽しめるようになった。電子レンジさえあればいいのだ。

しかしながら、こうした恩恵はささやかなものではないが、それには代償が伴うことにわたしたちはようやく気づきはじめた。工場では、家庭とはまるで違うやり方で食品を作る（「料理」とは言わず、「加工」と呼ぶのはそのためだ）。そこでは、家庭での料理より、はるかに多くの砂糖、脂肪、塩が使われる。また、食品を長持ちさせ、新鮮に見えるようにするために、家庭では使わない化学薬品が使われる。家庭料理が減るにつれて、肥満と食事に関連する成人病が増えてきたのも当然と言えるだろう。

ファストフードの増加と家庭料理の減少によって、皆で食卓を囲むという習慣も失われていった。ひとりひとりが違うものを、何かをしながら食べるようになったのだ。サーベイ・リサーチによると、アメリカ人は「二次的な食品」（包装された食品）をより多く食べるようになり、「基本的な食品」（嘆かわしいことに、昔ながらの食事が今ではこう呼ばれるようになった）をあまり食べなくなったようだ。

食事をともにするという習慣は、おろそかにできるものではない。それは家族生活の土台であり、子どもたちが会話を学び、文明世界の習慣を身につける場である。つまり、分かち合い、人の話を聞き、順番を守り、人との違いを受け入れ、腹を立てずに議論することをそこで習得するのである。現代のアメリカの夕食のテーブルに並ぶ、食品産業が作った色鮮やかな包装の食品は、「資本主義の文化的矛盾」――〔アメリカの社会学者ダニエル・ベルの仮説〕資本主義が発達するにつれて、その基盤となる社会の安定が脅かされること――を象徴している。

当然ながら、料理する、しないを軸とする見方には異論があり、少々、但し書きが必要だろう。まず、大半の人にとって、その選択は先に述べたほど単純なものではない。つまり、一から作る家庭料理VS工場で作られたファストフード、というわけではないのだ。ほとんどの人は、その二極間のどこかを選び、その位置は曜日、状況、気分によって絶えず変わる。夕食だからと最初から料理をするかもしれないし、外食したり配達を頼んだり、「少しばかり」料理するかもしれない。この最後の選択肢には、さまざまな加工食品を活用することも含まれる。袋詰めの冷凍ホウレンソウ、サケの缶詰、出来合いのラビオリなど、近くの店で作ったものもあれば、地球の反対側で加工されたものもある。一〇〇年ほど前に、包装された食品が初めてキッチンに持ちこまれて以来、「料理」にかける手間には幅が生じた（そういうわけで、わたしは出来合いのラビオリにセージバターソースをかけたものも料理と呼んでいるのだ）。そしてわたしたちの大半は、一週間のうちに、その幅のピンからキリまでを経験する。しかし近年では、多くの人が夕食をその「キリ」で済ますようになった。つまり、調理の大半を産業に頼り、出来合いのものをただ温め直して食べるだけになったのだ。「包装食品（フード）が誕生して一〇〇年経ったが、これからの一〇〇年は、包装食事（ミール）の時代になるだろう」と、あるフード・マーケティング・コンサルタントはわたしに言った。

こうした状況は、わたしたちの体の健康、家族、社会、土地にとってだけでなく、食事を通じて感じる世界とのつながりにとっても由々しき問題である。料理から遠ざかるにつれて、食べ物に対する見方は変わっていく。実際、できあがった食べ物がきっちり包装されて届く状況では、食べ物と自然や人間の仕事、想像力とのつながりは見えにくい。食べ物は便利な商品のひとつにすぎなくなり、わたしたちは、化学的に合成した「食べ物もどき」を売る企業の、いいカモになってしまう。そしてついには、イメージだけで栄養を摂るようになるのだ。

＊

男のわたしがこんなことを言うと、読者の皆さんの中には、時計の針を逆に回して、女性たちを台所に戻そうとしているのではないかと疑い、怒る人もおられることだろう。しかし、わたしの考えは逆だ。むしろ、料理を女性だけ、あるいは家族の誰かひとりが担うのではなく、男性も子どももキッチンに立つべきだと考えているのだ。そう考えるのは、単に公平や平等の観点からだけでなく、料理を通じてきわめて多くのものを得られると思うからだ。実のところ、企業がわたしたちの暮らしのこの部分にうまく入り込むことができたのは、昔から料理が、「女の仕事」であって男性や少年が学ぶべきものではない、と軽視されてきたからなのだ。

しかし、どちらが先だったのだろう。料理は主に女性の仕事だったために軽視されたのだろうか？　それとも、軽視されていたために、女性に押しつけられたのだろうか？　料理の性別役割分担については、第二部で探るが、昔も今も、その問題は実に複雑だ。古代から、いくつかの特別な料理は名誉ある仕事と見なされてきた。ホメロスの叙事詩に謳われる戦士たちは、羊や豚の肉を自ら焼いて食べたが、それで英雄としての名声や男らしさが損なわれることはなかった。それに、昔からずっと、男性が職業として料理をすることは、社会的に受け入れられてきた（プロの料理人が芸術家並みの地位を得たのはごく最近のことだが）。しかし、歴史の大半を通じて、料理は表立って認められることもなく、女性たちの手によってなされてきた。宗教儀式の生贄、あるいは独立記念日のバーベキュー、五つ星レストラン等々、男性が料理を取りしきる場面もありはするが、料理は伝統的に女性の仕事であり、育児と同じく家事の一部と見なされ、男性からは軽んじられてきたのである。

しかし、料理が正当に評価されてこなかったことには、別の理由があるかもしれない。「フード・ワーク」の社会的、政治的重要性を雄弁に語る、フェミニスト学者で政治科学者のジャネット・A・フラマンは、最近の著書、『The Taste for Civilization（文明の味）』において、その理由は食べ物自体にあるのではないか、と推測している。心と肉体を別のものと見なす西洋の二元論において、食べ物は女性と同じく、肉体の側に置かれてきたというのだ。

「食べ物は触覚、嗅覚、味覚によって理解される」と、彼女は指摘する。「それらの感覚は、知識を深める視覚や聴覚より、低く位置づけられている。哲学、宗教、文学のほとんどにおいて、食べ物は体、動物、女性、食欲と結びつけられてきた。そしてそれらは、文明社会の男性が、知識と理性によって克服すべきものとされているのだ」
しかしその代償は大きかった。

Ⅱ

本書では料理を、「生の食材を栄養のある魅力的な食べ物に変えるあらゆる技術」と、広く定義する。そして本書の大前提は、料理は最も興味深く、価値ある行為のひとつだということだ。以前のわたしは料理に疎かった。しかし、三年にわたって才能ある先生たちのもとで料理と呼ばれる四つの主な変化——焼く、煮込む、パンを焼く、発酵させる——を学んだ結果、思いがけない成長を遂げた。そう、いくつか得意料理ができたのだ。特に、パンを焼くことと何種類かの煮込み料理には自信がある。だが同時に、ほかの方法では知りえなかった、自然界（および、自然界における人間の存在）に関する知識も学んだ。自然のはたらき、健康の意味、伝統と作法、自立と共同社会、毎日の生活のリズム、何かを作る喜び、しかも無償の愛によってそれを行うことについて、わたしは予想した以上に多くのことを学んだのである。

本書はわたしの学びを記したものだが、その舞台はキッチンにとどまらず、パン屋、酪農場、醸造場、レストランの厨房など、料理が行われるあらゆる場所に及んだ。本書は四部からなり、料理と総称される四つの変化について述べる。うれしい驚きだったが、その変化は、それぞれ自然界を構成する四大元素——火、水、空気、土——に深く関わっていた。

理由はよくわからないが、何千年もの間、多くの異なる文化において、この四つは、世界を形作る最小にして不滅の要素と見なされてきた。今でもわたしたちの想像力の中では、それらは大きな存在を占めている。近代科学が四大元素という考え方を捨て去り、それらをもっと基本的な物質や力——水は水素と酸素からなる分子、火は急速な酸化の過程というように——に分解した後も、わたしたちが経験し想像する自然は変わらなかった。科学は四大元素をもっと細かい粒子に分解し、一一八個の元素からなる周期表に置き換えたが、わたしたちの感覚と想像力は今も四大元素とともにあるのだ。

料理を通じてわたしは、物理、化学の法則から、生物学、微生物学の発見までをも学んだが、この近代科学以前の四元素も、料理において重要な役割を演じていることを悟った。それぞれ自然の素材を変化させるうえで異なる役割を演じるとともに、世界に対する異なる姿勢、異なるはたらき、異なる雰囲気も示していたのだ。

火は（少なくとも料理において）第一の元素なので、わたしはそれから学ぶことにして、第一部では最も基本的な料理法に取り組んだ。焼き網で肉をあぶったのだ。火を使う料理の探求は、自宅の裏庭のグリルから始まり、最終的にノースカロライナ北部のバーベキュー・ピット［バーベキュー用の竈（かまど）］とピットマスター［バーベキューのプロ］にたどり着いた。そこでは「肉料理」と言えば、時間をかけて薪であぶった豚の丸焼きを意味した。わたしは、熟練のピットマスターのもとで修行を積み、料理の基本要素——動物、木、火、時間——について学び、先史時代の料理につながる道筋を見つけた。わたしたちの祖先を火の周りに集めたのは何だったのか、その経験が彼らをどう変えたのか。大型動物を殺して料理することは、恐ろしいことであり、精神的な努力を要した。古来、生贄の儀式には、この種の料理がつきものであり、その余韻は二一世紀のバーベキューでも感じとることができる。火で料理するときの気分は英雄的で、力強く、劇的で、誇らしく、率直で、少々（時にはかなり）滑稽である。

第二部のテーマは水を使った料理だが、すべてがそうではない。歴史的には、水を使う料理には水を張る土器が必要なので、その登場は火で焼くだけの料理より後になる。土器は人間の文化が生み出したもので、その歴史はおよそ一万年にすぎない。現在、料理の舞台は屋内に移動したが、ここでは毎日の家庭料理、その技術と満足の原因を探究するとともに、不満についても掘り下げていこう。テーマに合わせて、ありふれた材料でおいしい料理を作る昔ながらのレシピを紹介しながら話を進めていく。その材料とは、ハーブ、少々の油、少々の肉、そして、家で過ごす長い午後、である。ここでもわたしは優秀な料理人（女性）に弟子入りしたが、舞台は我が家のキッチンで、彼女と家族のように仲良く料理を作った。家と家族も第二部のテーマである。

第三部では空気を取り上げるが、空気は、粉状の穀粒を練ったもの（パン生地）と、ふっくらしたパンとの違いをもたらすものだ。人間は空気を食べ物に取り込むことによって、自然から与えられた草の種を、はるかにおいしく栄養価の高いものにした。西洋文明の歩みはパンとともにあり、パンを焼くことは最初の重要な「食品加工」技術だった（ビールの醸造のほうが先だという意見もある）。ここでは、アメリカのいくつかのベーカリー（ワンダーブレッドの製造工場も含む）

を取り上げながら、二つの個人的な探究を行う。ひとつは、よく膨らんだ、健康によい完璧なパンを焼くことで、もうひとつは、料理が間違った方向に向かいはじめた歴史的瞬間を特定することだ。それは人々が、栄養価を損なう料理をしはじめた瞬間でもある。

以上、三つの料理法は、すべて熱に頼っているが、四番目となる発酵はそうではない。その作用は、熱ではなく生物の力を借りて、有機質をある状態からもっとおいしく栄養価の高い状態に変える。ここでわたしは、何にもまして驚くべき錬金術に出合った。キノコとバクテリア——その多くは土の中に生息する——が、創造的破壊という目に見えない仕事をするとき、力強く複雑な味わいの、人を酔わせる物質が作られるのだ。第四部は三つに分かれ、野菜の発酵（ザワークラウト、キムチ、あらゆる種類のピクルス）、牛乳の発酵（チーズ）、アルコール（蜂蜜酒、ビール）を取り上げる。わたしは「発酵術」の継承者から、腐敗を制御する技術、バクテリア相手の近代の愚かな戦い、嫌悪がもたらすエロティシズムについて学んだ。そしてこんなことも考えた。わたしたちは古来、アルコールを発酵（ファーメント）させてきたが、同じくアルコールもわたしたちを刺激（ファーメント）してきたのではないか、と。

幸運だったのは、才能と寛大さを兼ね備えた教師たち——料理人、パン屋、ビール醸造者、ピクルス職人、チーズ製造者——に恵まれ、時間と技術とレシピを惜しげなく分け与えてもらえたことだ。彼らは、予想していたよりずっと男性的だった。読者の皆さんは、わたしが同じような性格の人ばかり選んだのだろうと思うかもしれないが、プロの料理人からきっちり教えてもらおうとすると、自ずと選ぶタイプは似通ってきた。バーベキューのピットマスターや、ビール醸造者、パン屋（菓子職人は除く）は、ほとんどが男性だったが、チーズ製造者は驚くほど女性が多かった。伝統的な煮込み料理を学ぶ際には、女性のシェフを選んだが、それが「料理は女性の仕事」という偏った見方を俎上に載せることになるのであれば、それはそれでいいだろう。わたしはその問題を掘り下げたいと思っていた。いずれはそうした偏見も打破されるだろうが、すでに解決していると決めてかかるのは間違いなのだ。

＊

全体としてみれば、本書は料理のハウツー本と言ってもいいが、きわめて特殊なものだ。部ごとに、その「元素」に因んだ料理——バーベキュー、煮込み料理、パン、発酵食品——を紹介するので、各部を読み終える頃には、その料理を作れるようになっているだろう（実際に作りたい人のために、付録として簡潔なレシピを載せた）。紹介した料理はいずれも家庭のキッチンで作れるものだが、いわゆる「家庭料理」は少なく、レシピのいくつか——ビール、チーズ、パンなど——は、読者の皆さんは今後もおそらく作ることはないだろう。とはいえ、わたしとしては、皆さんがチャレンジされることを願っている。作るのに気合と時間を要するこれらの食べ物や飲み物が、多くの学びをもたらすことを、身をもって知ったからだ。そうやって得た知識は、一見、何の役にも立ちそうにないが、実は、あなたと食べ物との関係を変え、キッチンでできることの範囲を大いに広げてくれる。それについてもう少し説明しよう。

料理は単純なプロセスではなく、そこにはいくつもの技術が絡んでいる。そのいくつかは人間にとって最も重要な発明であり、わたしたちを種として変化させ、やがて、集団としても、家族、個人としても変化させた。具体的には、火の扱い、微生物の活用、穀物の発酵、ごく最近のものとしては、電子レンジの発明も、その技術に含まれる。つまり料理とは、単純なものが複雑なものへ姿を変えていく連続的なプロセスなのだ。本書はそうした変化の自然史および社会史に目を向け、今なお生活の一部である料理だけでなく、そうではなくなった料理にもスポットライトをあてる。現代では、チーズを作ったりビールを醸造したりすることは、きわめて特殊な「料理」と見なされているが、それは単にする人がほとんどいなくなったというだけのことだ。昔は、それらは家庭で普通に行われていたし、誰もがその方法について、少なくとも初歩的な知識を備えていた。しかし今日では、わたしたちにできる料理はごく限られたものになってしまった。このことは知識の喪失だけでなく、ある種の力の喪失も意味する。そして十分ありえそうなことだが、次の世代では、生の素材から料理することが、今日のわたしたちにとってのビールの醸造やパン作り、ザワークラウトの仕込みのように、きわめて特殊で珍しいことと見なされるようになるかもしれないのだ。

そうなったとき、つまり料理という素晴らしい創造物の作り方を知る人がいなくなったとき、食べ物はその背景である人間の手のみならず、自然界、想像力、文化、そして社会から、完全に切り離される。実際、すでに食べ物は抽象的な存在——体を動かす燃料、あるいは単なるイメージ——になりつつある。

このような現状に対して、わたしは伝統的な料理の作り方を学ぶことによって、食べ物のリアリティを取り戻し、日々の暮らしの正しい場所に再び位置づけたいと思った。ありがたいことに、それらはまだわたしたちの手の届くところにある——キッチンでの腕前はお粗末だとしても。わたしは料理修業のために、自宅のキッチンを離れ、ずいぶん遠くまで旅をした。それは、料理の本質に迫り、人間を人間たらしめた「変化」がどういうものであるかを知りたかったからだ。しかし、おそらくわたしの最も幸せな発見は、どんなに難しそうに思える料理も、家庭でもできる「魔法」に頼っているということだった。

もっとも、その旅がとても楽しかったことを断っておかなければならない。仕事のためではあったが、おそらくこれまででいちばん楽しい経験だった。今まで店で買うしかないと思っていたおいしいものを自分で作れると気づくことほど、あるいは、舞い上がる小麦粉や、麦芽汁の釜から立ちのぼる煙に包まれて、仕事と遊びの境界が消えていくことほど、楽しい経験があるだろうか？

きわめて冒険的で、非実用的に思えるチャレンジにおいてさえ、実際に役立つ学びがあった。自分の手でビールを醸造したり、ピクルスを漬けたり、豚を丸ごとじっくりあぶったりすると、普段の料理が楽で簡単なことのように思えてくるのだ。また、本格的なバーベキュー・ピットについて学んだことで、我が家の裏庭でのバーベキューはずいぶんグレードアップした。それに、パン職人の店やワンダーブレッドの工場を訪ねたことで、パンを見る目が磨かれた。チーズやビールについても同じことが言える。良かれ悪しかれそれまで単なる食品としか思えなかったものを、それ以上のもの、達成、表現、つながりとして見られるようになったのだ。食べる喜び、飲む喜びが増したうえに、これほどの学びがあったのだから、チャレンジしただけの価値はあるだろう。

だがおそらく、この取り組みを通じてわたしが学んだ最も重要なことは、料理がわたしたちを社会や生態系――動物、植物、土、農夫、体の内外にいる微生物、そしてもちろん、わたしたちが作った料理を食べて喜ぶ人々――と、どのように結びつけているかということだ。

料理は日常的なものも非日常的なものも、わたしたちを特別な場所へ導き、自然界と社会の両方に対峙させる。料理人は、自然と文化の真ん中で、変換と交渉のプロセスを取りしきっているのだ。彼らの手によって、自然も文化も変化していく。そしてわたしは、料理人もまた変化していくことに気づいたのである。

Ⅲ

キッチンでの作業が楽しくなるにつれて、ガーデニングのときと同じく、わたしはそれほど頭を悩ませなくても料理ができるようになった。料理をしながら、空想したり熟考したりする余裕ができたのだ。そんな折に考えたのは、今では選択肢のひとつとなり、不必要とさえ見なされている「料理」を、特に得意なわけでもなければ才能があるわけでもないのに、なぜ自分はやろうとしているのかということだ。これは、現代社会において、料理全般につきまとう根源的な疑問である。なぜ、あえて料理をするのか?

合理的に考えれば、毎日の料理でさえ、時間の賢い使い方とは言えないだろう（パンを焼いたり、キムチを漬けたりするのはなおさらだ）。つい先ごろ、外食産業に関する『ウォール・ストリート・ジャーナル』の署名記事を読んだ。それはレストランガイドを出版しているザガット夫妻によるもので、まさにこの件について述べていた。「仕事を早々と終えて、家に戻って料理をするよりも、オフィスで残業して自分の得意な仕事をし、料理は手頃なレストランにまかせておいたほうが人々は幸せなはずだ」

ここには分業についての典型的な主張が見られる。アダム・スミスをはじめ、多くの人が指摘してきたように、分業体制は多くの恩恵をもたらした。分業体制のおかげで、ほかの誰かが食事を作り、衣服を繕い、家を明るく暖かくしてくれている間に、わたしはコンピュータ画面の前に座って、著作に没頭できるのだ。わたしは一時間ものを書くか、教えるかすれば、丸一週間料理するより多く稼ぐことができる。分業と専門化は、間違いなく社会的、経済的な力を強める。だがその一方で、弱体化を導くのも事実だ。人に無力感、依存、無知をもたらし、責任感を蝕むのだ。生産者として、あるいは消費者としての役割分担が進んだせいで、現在、わたしたちは必要なもののほぼすべてを専門家に委ねるようになった——食品は食品産業、健康は医療の専門家、娯楽はハリウッド映画やマスコミ、メンタルヘルスはセラピストと製薬会社、自然保護は環境保護活動家、政治活動は政治家、といった具合だ。じきに、自分で自分のために何かをしているのを想像することさえ難しくなるだろう——「生計を立てるために」することを除けば。それ以外のことについては、自分にその技術はないとか自分よりうまくできる人がいると、わたしたちは感じている（近頃では、忙しい人のために、老親への訪問を代行する業者も出てきたそうだ）。こうなるともうどんなことでも、専門家か専門機関か生産業者に頼るしかなさそうに思えてくる。当然ながら、このような無力感は、あらゆることを代行しようとする企業にとっては好都合だ。

分業がもたらす問題のひとつは、日々の行動が社会にどう影響するかがあいまいになり、その結果として、責任もあいまいになることだ。専門化が進んだせいで、わたしたちは目の前のコンピュータ画面を明るくしている石炭火力発電による汚染や、シリアルに入っているイチゴを摘む重労働、おいしいベーコンになるために生まれ死んでいく惨めな豚のことを簡単に忘れてしまう。分業体制は、わたしたちのために地球の反対側の人々がやっていることを、すっかり見えなくしてしまうのである。

おそらく、わたしが料理をすることを薦めたいと思う最大の理由は、それが、このような現状を正す強力な手段になり、しかも、誰でもそれを行使できるからなのだ。豚の肩肉を切ることは、それが大きな哺乳類の肩の筋肉であり、本来の目的は、わたしの腹を満たすことではなかったということを、ありありと思い起こさせる。また、その豚の物語への興味も湧きあがってくる。どこから来て、どうやってわたしのキッチンまで運ばれてきたのだろうか？　わたしの手の中でその肉は製品というより、自然の産物だと感じられる。実際、それは製品ではないのだ。同じく、つけあわせにする野菜——春の終わりには切るそばから伸びていくように見えた——を育てることは、自然の豊かさと、太陽の光がおいしいものに変わる奇跡を思い出させてくれる。

こうした植物や動物を扱い、一部ではあっても食べ物の生産と準備に関われば、スーパーマーケットと「家庭料理の代行者」が見えにくくした多くのつながりが、再び見えるようになる。それは責任を取り戻すことでもあり、少なくとも、口先だけの意見を減らすことにつながる。

このところ「環境」に関する意見は、「どこか遠く」についてではなく、身近なことについて語られるようになった。環境の危機は、わたしたちの暮らし方の結果なのだ。大きな問題は、日々の小さな選択の積み重ねがもたらすものであり、その選択の大半は、わたしたちによってなされ（個人の消費支出はアメリカ経済のほぼ四分の三を占める）、それ以外も、わたしたちの必要を満たすために他者によってなされている。早くも一九七〇年代に詩人で環境思想家のウェンデル・ベリーが述べたように、環境の危機が人格の危機であるならば、遅かれ早かれ、個々人のレベルで環境問題に取り組む必要がある——すなわち、家で、庭で、キッチンで、心の中で。

このように考えはじめると、何でもないキッチンの空間が輝かしい光を帯びているように思えてくる。キッチンが、かつてわたしたちが考えていたよりずっと、重要なものになってくるのだ。

ウラジミール・レーニンからベティ・フリーダン［フェミニズム運動のリーダー］に至るまで、政治改革者が女性をキッチンから出そうとしたのは、そこには重要なもの——女性たちの才能や、知性、信念に値するもの——はないと考えたからだ。重要な行動の舞台になるのはキッチンではなく、職場や公共の場だと彼らは考えた。しかし、それは環境の危機が具体化する前のことであり、また、食の産業化がわたしたちの健康を脅かす前のことだった。世界を変えるには、公の場での行動が必要だが、現在、それだけでは間に合わなくなった。わたしたちは、個人としての生き方も変えなければならないだろう。それが意味するのは、わたしたちが日常的に自然と関わる場所——キッチン、庭、家、車——が、世界の運命にとってかつてないほど重要になってくるということだ。

かくして、料理すべきか、せざるべきかが、重大な問題となる。もっとも、料理は、時代や人によって異なる意味を持ち、する、しない、をきっちり二分できるものではない。一週間のうち、晩ご飯を作る日を少し増やす、日曜にその週の食事をまとめて作る、あるいは、これまで買うだけだったものを時々作ってみる、こうしたささやかな変化でさえ、一票を投じることになる。何に対する一票だろう？　そう、大半の人が料理をしなくてもよくなった世界であえて料理をするのは、専門化、暮らしの完全な合理化、そして隙あらば入り込もうとする商業的動機に対する、異議申し立てに一票を投じることなのだ。さらに言えば、暇を見つけて料理を楽しむことは、わたしたちが起きている時間をすべて消費させる機会と見なす企業に（眠っている時間も、企業にしてみれば、睡眠導入剤を消費させる機会となる）、決別を宣言し、依存体質から脱却することなのである。ここで言う依存体質とは、家庭での生産活動をほかの誰かにまかせ、余った時間を消費にあてることだ。企業はそれを、「家事から解放されて自由になる」ことだと言ってきた。

料理は、植物と動物を変えるだけではない。それは、わたしたちをただの消費者から生産者へと変えるのである。いつでもというわけではないが、わずかでも生産者に近づくことで、予想外の深い満足を味わえることをわたしは知った。本書は、そうした変化への招待状である。ささやかではあっても、自分の中で、消費者より生産者の比重を増やしていこう。生活に必要なものを自分で作ることを習慣にしていけば、自立心と自由が増し、どこか遠くにある企業への依存が減っていく。必要なものを得ようとする際には、お金だけでなく自分の力を使おう。自分が食べるものへの責任を担うようになれば、流れはわたしたち自身と社会へ戻りはじめる。これは、近年芽吹いてきた、地域の食経済を再建しようとする動きが第一に訴えることであり、その動きが実を結ぶかどうかは、わたしたちが食べるものについてより深く考え、努力するかどうかにかかっているのだ。毎日でなくても、毎食でなくても――しかし今よりは多く、できるときはいつでも。

料理は、現代の暮らしでは希少になった機会――自分の力で働き、食を提供することで人を支え、自分も支えられるという稀な機会――をもたらす。これが「生活する」ということでなければ、何がそうなのだろう。経済的に考えれば、アマチュアが料理するのは時間の最も有効な使い方ではないかもしれないが、人間の感情で計れば、それは素晴らしいことだ。愛する人のために、おいしくて栄養のあるものを用意することほど、利己的でなく、暖かで、有益な時間の過ごし方があるだろうか。

さあ、始めよう。

最初は、火だ。

第一部

火

炎の創造物

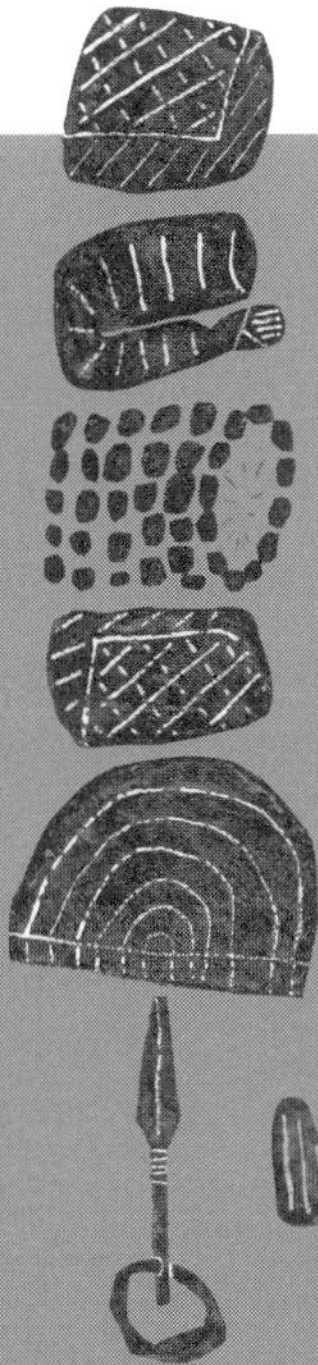

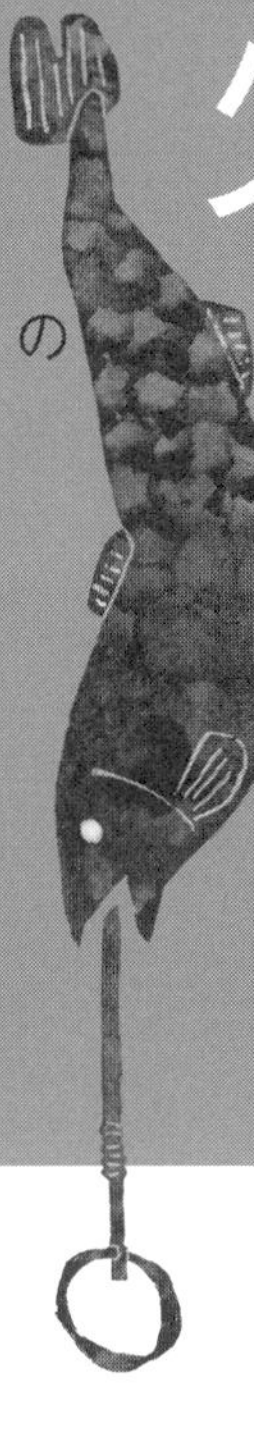

「ローストは簡単なようで、実に奥が深い」

——『L'art Culinaire（料理の技術）』キュシー侯爵

「かつて人間は、共食いをはじめとする悪徳にふけっていた。あるとき、より賢い人間が現れて、初めて生贄（動物）を殺し、その肉を炎であぶった。その肉が人肉よりおいしかったので、人間たちは共食いをやめた……」

——『食卓の賢人たち』アテナイオス

「わたしが行うこの技は、煙の王国だ」

——『The Areopagite（アレオパギタ）』デメトリオス

I　ノースカロライナ州エイデン——バーベキューの聖地

サウス・リー・ストリートに入るとすぐ、薪を燃やす煙と豚を焼く香ばしい匂いが漂ってきた。GPSを見れば、匂いのもとはまだ八〇〇メートルも先なのだが。今は五月。ここエイデンでは、水曜の午後だというのに、かなりの数の大人——白人もいるが大半は黒人——が、通りに面した玄関先に腰をおろし、紅茶だろうか、琥珀色の飲み物を飲んでいる。エイデンがさびれた理由はおおかた察しがつく。この町に来るには州間高速道路から車で一時間もかかり、しかも道はここで終わり、ほかのどこにもつながっていないのだ。その上、全国チェーンを展開する大型店が、数十キロ北のグリーンビルにいくつも出店したので、エイデンの目抜き通りはさびれ、今ではシャッター通りになってしまった。三軒あったバーベキューの店も、今は一軒のみとなった（しかし、その店は有名で、州間高速道路を降りて、わざわざやってくる人もいる）。かつては農業が町の経済を潤していたが、主軸だったタバコ栽培は衰退し（今では、褐色のトウモロコシ畑の間に、ぽつぽつとエメラルドグリーンのタバコ畑が見えるだけとなった）、畜産も、大規模畜産（ＣＡＦＯ）に圧倒された。ノースカロライナ州の沿岸平野部では、大規模畜産が発展したせいで、豚の数は急増したものの養豚業者は減る一方という、皮肉な現象が起きているのだ。灰色の道をドライブしてきたわたしの鼻孔は、バーベキューのフェロモンに気づくずっと前に、芳しいとは言いがたい動物臭に襲われた。

このまぶしい五月の午後、わたしが目指す先はスカイライト・イン。エイデンに唯一残るバーベキュー・レストランで、オークとヒッコリーの香りが漂っていなくても見逃すことはない。と言うのも、店の造りがかなり変わっているのだ。レンガ造りの八角形の建物に、銀色のマンサード屋根が載り、その上に連邦議会議事堂を模したドームが据えられ、てっぺんには星条旗が翻っている。崩れかけのウェディングケーキのようなこの建物の設計に、プロの建築家が関与していないのは明らかで、それどころか強い酒をあおりながらでもなければ、こんなデザインは思い浮かばなかっただろう。銀色の屋根が載ったのは一九八四年で、『ナショナル・ジオグラフィック』誌がスカイライト・インを「バーベキューの首都」と評した数年後のことだった（天窓がないのに、スカイライト［天窓］インとは奇妙な名だ）。駐車場を見下ろす広告塔には、創業者の故ピート・ジョーンズの似顔絵と、店のモットー（「木を使わぬ料理はバーベキューにあらず」）が掲げられている。ピート・ジョーンズがこのバーベキュー・ピットに初めて火を入れたのは一九四七年のことだった。しかしその看板を見れば、ジョーンズ一家のバーベキューの歴史ははるかに古いことがわかる。「一八三〇年以来、伝統を守りつづけて」とある。一家に伝わる話によると、一八三〇年にスキルトン・デニスという名の祖先が、ノースカロライナ州初の、そしておそらく世界初のバーベキュー・レストランを開いた。当時はピットで丸焼きにした豚肉と平たいコーンブレッドを幌馬車に載せて、近郊を回っていたそうだ。ピートの孫でジョーンズ家三代目のサミュエル・ジョーンズは、このバーベキューの始祖について語るときには、屈託なく「ぼくらの先祖」と呼んでいる。

こうしたこと（と、さらに詳しい情報）をわたしが知っているのは、一家の来歴を読んだり、そのドキュメンタリーを見たりしてきたからだ。今日、南部のバーベキューと言えば、大げさな宣伝や過剰な称賛ばかりが目につく。かつては地味な土着の料理だったバーベキューが、自らの価値を知り、自尊心を得たのである。自信のある南部のピットマスター（もっとも、自信のない南部のピットマスターはいない）は皆、政治家並みに陳腐で凡庸な宣伝文句を連発する。記者の取材や、バーベキュー・コンテスト、あるいは南部料理同盟主催の学会など、宣伝文句を求められる機会はいくらでもあるのだ。

しかし、わたしがこのノースカロライナで探し求めていたのは、そうした言葉ではなく、かつて経験したことのない味、そして理念だった。その理念とは次のようなものだ——自然の産物を栄養と楽しみに変えるために人間が編み出した料理法のうち、火で焼くことが、最初の、そして最も重要な方法であるなら、少なくともアメリカ人にとって薪による豚の丸焼きは、昔から変わることのない最も純粋な料理法である――。それがどのように行われ、地域社会や文化においてどんな位置づけにあるかを知れば、料理という人間だけが行う興味深い行動の、深い意味がわかるのではないかと考えたのだ。また、それを学べばバーベキューの腕が上がるにちがいない、と期待してもいた。さらには、今日、料理は、やたらに凝った道具を使う、大げさで気取ったものになっているが、その最も基本的な方法に立ち返ることで、料理をわたしたちの手の届くところに取り戻したいという思いもあった。そしてスカイライト・インの調理棟が、その機会を与えてくれると信じるだけの理由がわたしにはあった。

正統性とはあいまいで捉えがたいものだが、食に対する自意識が高まっている南部でそれを追求するのは、なおさら難しい。チャペルヒルでシェフをしている女性の友人にメールで、バーベキューを食べるならどこへ行きたいかと尋ねたところ、ため息が聞こえそうな返信が戻ってきた。「ノースカロライナあたりをドライブしていると、昔そのままのバーベキュー・レストランで食べたくなるけれど、まだそんな店には出会えていないわ」。しかし彼女はエイデンには行ったことがなかったので、わたしは望みをつないだ。

豚＋薪＋煙＋時間という力強い原始的な足し算の答えが知りたいのであれば、スカイライト・インのピットこそ調べるべき場所だった。バーベキュー史家（今ではバーベキューを専門とする歴史家がいるのだ）の言葉を借りれば、ジョーンズ一家は「バーベキュー原理主義者」で、何世代にもわたって基本の方程式を守りつづけている。つまり、じっくり時間をかけて「生きた」オークとヒッコリーのチップで焼くのだ。彼らは、木炭を「堕落」と見なし、ソースを「料理のまずさを隠すもの」として見下している。煙突から漂ってくるおいしそうな匂いから判断すると、ジョーンズ家が伝統を守っていることは、顧客にとっても喜ばしいことであるらしい。その匂いはまた、さまざまな敵と闘って「失われつつある伝統の技」を守ることの正しさを証明している。実のところ、ジョーンズ家の敵は多い。保健局は衛生管理にうるさいし、消防署も何度となく注文をつけてくる。身近には便利な天然ガスやステンレス・スチール、そしてファストフードの店があり、一方、薪は手に入りにくい。ピットマスターは夜ごと火事の悪夢にうなされ、熟睡できない。いや、現実にサイレンが鳴ることもある。実際、スカイライト・インの調理棟は何度もぼやを出し、一度ならず全焼しているのだ。火で調理する人がまず口にするのは「火の管理」だ。だがそれは予想以上に難しい。この二一世紀にあっても、である。

火の使用の歴史は古く、それができるようになったことは、人類の歴史の重大な転換点でもあった。ゆえに、その起源については多くの神話や仮説が生み出された。中にはばかげたものもあり、しかもそのすべてが古代の神話というわけでもない。例えばジークムント・フロイトは『文明への不満』の注で、「火を見ればいつも衝動的に放尿して消していたman――「人間」ではなく「男」

——が、その衝動を抑えられるようになったのが、火の使用の始まりである」と記している。何万年もの間、この抑えがたい衝動が文明の発展を阻んできたが、ようやく人類はそれを抑制できるようになったというのだ。放尿による消火は女性にはうまくできないため、男どうしの競争の象徴となり、フロイトによると（驚くまでもないが）その競争には同性愛的な性質があるそうだ。現在、料理の世界は競争の激しい男社会になっているため、フロイトが厨房をうろついて仕事の意味を分析したりしないのは、シェフたちにとっては幸運と言えるだろう。

フロイトによると、人類の歴史の流れが変わったのは、ある日、並はずれた自制心を持つ男性が、火におしっこをかけたくなる衝動を抑えたのがきっかけだった。男はその火を保ち、体を温めたり、調理したりするようになった。フロイトは、この進歩はほかの価値ある進歩と同じく、衝動や激情を抑制する、人間だけに見られる能力の賜物だ、と述べている（もっとも、動物が尿をかけて火を消した事例はあまり報告されていない）。自己管理こそ火の使用の、ひいては文明の前提条件なのだ。「この偉大な文明の勝利は、本能を抑えることによって得た報償である」

わたしはこれまで何度となく、くすぶる薪の前でピットマスターと楽しく過ごしてきたが、一度として、フロイトの火の理論を彼らに語ることはなかった。それで座がなごむとは思えなかったからだ。しかし、もうひとつの説を紹介することはあった。それもフロイトの理論に負けず劣らず奇矯な仮説だが、赤く燃える木炭のような暖かな詩情があり、ピットマスターの汗で筋のついた顔に笑みが浮かぶのは確かだったからだ。

これは、イギリスの作家チャールズ・ラム（一七七五―一八三四）が随筆「豚のロースト談義」で紹介した仮説である。ラムによると、中国で、豚飼いのホー・ティの息子、ボー・ボーが偶然あぶり焼きの技術を発見するまで、人間は肉を生で食べていたそうだ。ある日、ホー・ティは豚の餌にするブナの実を集めるために留守にした。その間に、火遊びが好きで、しかも不器用だったボー・ボーは、火事を起こし、家を焼いてしまった。中で飼っていた子豚たちも焼け死んだ。ボー・ボーが焼け跡を眺めながら、父親にどう言い訳しようかと悩んでいると、焼け死んだ子豚から「これまで嗅いだこともない、香ばしい匂いが漂ってきた」。生きているかどうか確かめようと子豚に触れると、とても熱かったので、とっさにその指を口に入れた。

「彼の指先には、焼け焦げた豚の皮がくっついていた。彼は生まれて初めて（というより、世界で初めて）それを味わった――皮はパリパリしてとてもおいしかった」

戻ってきた父親は、家がすっかり焼けおち、子豚が死に、その死骸に息子がむさぼりついているのを目のあたりにした。子豚の死骸を見てぞっとしたものの、息子が「焼けた豚はとてもおいしいね」と言うのを聞き、また、その得も言われぬ匂いに惹かれ、肉を一切れ口に入れ、それがとんでもなくおいしいことを知った。父子はこの発見を近所の人々には秘密にしておくことにした。神が造りたもうた生き物を焼くのは神に対する侮辱だと、非難されるのを恐れたからだ。しかし時が経つにつれ、奇妙な噂が広まった。ホー・ティの家が、頻繁に火事に見舞われるようになったのだ。雌豚が出産するたび、家は炎に包まれた。

父子の秘密がついに明かされると、近所の人々も同じことを試し、その結果に驚いた。そしてこれが盛んになっていった。子豚をおいしく食べるために家を焼く慣習は大いに流行し、建築の技術や学問がおろそかになるのではないかと人々が心配するほどだった（「人々は次第に粗末な家を建てるようになった」とラムは書いている。「今やどちらを見ても、火事ばかりだ」）。だが、幸いなことに、やがてひとりの頭のいい人間が、「家を一軒丸ごと焼かなくても」豚の肉は焼けることに気づいた。まもなく焼き網が発明され、焼き串も作られた。こうして人間は、火で――正確には、管理した火で――肉を焼く技術を、発見したのである。

「地獄の入り口へようこそ」サミュエル・ジョーンズは笑みを浮かべ、わたしをスカイライト・インの裏手に案内し、ピットのある調理棟を見せてくれた。軽量コンクリートブロックで造った二棟の調理棟は、それぞれ好き勝手な方向に向かって立っていた（「どうやら祖父は、ここのすべてを酔っぱらいに設計させたようだ」とサミュエルは言った）。大きいほうの調理棟は、建て替えられたばかりだった。ある晩遅く、レンガ造りの火床に穴が開いて、全焼したのだ。サミュエルは「火は毎日、二四時間燃やしつづけるから、二年も経てば、煙突の内側に張った耐火レンガまで、だめになってしまうんだ」と言って肩をすくめた。「調理棟は、一〇回以上火事になったんだ。と言っ

ても、豚の丸焼きをまともにやろうとしたら、そうなるのは当然だけどね」

ピットの底に溜まった脂に火がつくこともあれば、煙にまぎれて煙突を昇った木炭のかけらが屋根に落ちて、火事になることもある。つい先日もサミュエルは、店を閉めた数時間後、たまたま店の前を通り、調理棟の扉の下から炎がちらちらと舌をのぞかせているのを見つけた。「まさに危機一髪だったよ」と彼は笑った（監視カメラは、ピットマスターが仕事を終えて帰った四分後に火が出たことを記録していた）。

ノースカロライナには今なお、豚をおいしく焼くために家を丸ごと燃やす男たちがいると知れば、チャールズ・ラムはさぞかし喜ぶことだろう。

サミュエルは快活な二九歳の若者で、丸い顔に顎髭を伸ばしている。九歳の頃から家業を手伝い、一家が守ってきた伝統料理をとても誇りに思っているが、伝統をただ守るだけでなく、食の近代化つまり「手抜き」に抵抗しつづけることを、自らの責務と見なしている。実のところ、南部のバーベキューは昔ながらのやり方をひたすら守ってきたが、時代が進むにつれて、それは難しくなってきたのだ。「ぼくたちがこの店を手放すなんてことはありえないね」とサミュエルはやや悲しげに言った。「祖父の代からの店だからね。保健局はうるさいし、もしジョーンズ家以外の人間に売ったら、店は条例に合うように変えられてしまうだろう。そうなったらおしまいだよ」

再建された調理棟に入るとすぐ、彼の言葉の意味がわかった。いや、正直言って、最初は何もわからなかった。芳しい薪の煙が充満していて、奥行きは七メートルほどなのに、向こうの壁のスチール製のドアが見えかねるほどだったのだ。両側の壁に沿って、特大サイズの炉（ピット）がある。レンガを積み上げて作ったもので、高さはおよそ一メートル、奥行きは一メートル半はありそうだ。その上に車軸を並べて焼き網の代わりにしている。上には黒い鉄板の蓋がワイヤーロープで吊り下げられており、コンクリートブロックの重りを調節すれば、炉全体を覆うことができる。この炉には、一〇〇キロ近い豚を一二頭まで並べることができる。炉の内側には黒い汚れが分厚くこびりついていて、衛生検査官をぞっとさせそうだが、ノースカロライナの検査官は別だ。この州には、バーベキュー施設のための寛大な衛生条例があるらしい。それに、サミュエルがほのめかした祖父の代からの非公式な約束事もあり、それらが非難をかわす防波堤になっているのだ。

「もちろん、汚れたら掃除しているよ」わたしが衛生の問題に触れると、サミュエルはこう返した。「ただし、すっかりきれいにしたりはしない。こびりついた汚れが、適当な断熱材になっているからね」問題は、汚れの層（科学者なら、豚の脂肪と煙に含まれる微小な粒子からなる層、と言うだろう）が非常に燃えやすいことだ。ということは、今わたしたちが吸っている煙も燃える可能性があり、サミュエルは、「煙が充満し、室温が上がると、引火するおそれがある」と言った。「フラッシュオーバーという現象だよ」サミュエルは、時に失敗はするものの、必要に迫られて火の扱いがうまくなった。以前はボランティアで地区の消防団にも入っていたそうだ。この状況からすると、それは政治的に正しい判断だったと言えるだろう。

サミュエルが「地獄の入り口」と呼ぶこの調理棟は、まさに業火が燃えさかっており、多くの人にとって食欲を刺激するような場所ではなかった。大小の火の粉が舞い上がり、レンガを黒ずませ、天井をすすけさせ、合板の壁に皺を寄せている。サミュエルと話していると、彼の左の肩越しに、煙の中から幽霊のような姿が現れるのが見えた。目を凝らすとそれはやや腰の曲がった黒人で、手押し車をゆっくり押している。手押し車には血のこびりついた合板が載っていて、その上に、一頭のピンク色の豚が無造作に置かれ、縁から垂れた頭が、動きに合わせて上下に揺れる。近づくにつれて、男の顔がはっきりしてきた。なめし革のような皮膚に深い皺が刻まれ、歯は何本か欠けていた。

サミュエルが彼を紹介してくれた。名はジェイムズ・ヘンリー・ハウエル。熟練のピットマスターだと言う。ハウエルはすぐさま、「おれは忙しいから、話ならジョーンズ家の人に聞いてくれ」と言った。実際、レストランの肉体労働の大半――午後遅く、豚を炉に並べ、翌朝いちばんにそれを下ろし、四つに切り分け、レストランの厨房に運び、大きなまな板に載せて切り刻み、味つけして、客で賑わうランチタイムに供する――をハウエルがひとりでこなしているので、ジョーンズ家の人々は長話をする暇があったのだ。わたしにとってバーベキューの理念を学ぶだけなら不都合はなかったが、それはつまり、ここエイデンでバーベキューを体験したり、手順をじかに教わったりはできないことを意味していた。

　ハウエルは冷蔵室の白い靄の中に姿を消すと、荷車にまた豚を一頭載せて出てきた。ゆっくりそれを炉まで運ぶと踵を返して、再び冷蔵室に向かった。注意深く荷車を押しながら行ったり来たりして、豚を炉に並べていく。ついに、目を見張るような光景が完成した――もうもうと立ちのぼる煙の中、鼻を突き出したピンク色の豚が皮を上にして、コンガを踊るかのように一列に並んだのだ。調理小屋は、今や豚たちの兵舎と化し、ずらりと並んだ豚たちは炉の上でこれから一晩を過ごす。わたしたちが口にするあらゆる家畜の中で、豚ほど人間に似たものはない。体は成人男子の大きさで、体毛はなく、桃色で、口元は、にやっと笑った顔を思わせる。煙の満ちた霊廟に寝かされた豚は、わたしにさまざまなものを思い起こさせたが、それは決して、ランチやディナーにまつわる思い出ではなかった。

　この調理棟は薄汚く、木炭が散乱しているので、厨房という感じはしないが、もちろんここが厨房なのだ。だからこそノースカロライナ州は、保健条例の公正な執行と、豚の丸焼きの存続との間で選択を迫られている。少なくとも今のところは、神聖なる郷土食のバーベキューが優勢のようだが、ともあれ、これほど珍しい厨房もないだろう。なにしろ主な調理器具は荷車とシャベルで、パントリーに置かれているのは、豚と薪と塩だけ。実のところ、この建物全体が調理器具なのだ。サミュエルが説明してくれたように、調理棟は、豚を弱火で焼く巨大なオーブンであり、きっちり密閉されているかどうか――それに屋根の勾配までも――が、肉の焼け具合に影響するのである。

ハウエルは、豚を炉の車軸の上に載せると、シャベルで木炭をその下に敷き、続いて、部屋の端にある火床から、赤く燃えている木炭をひとすくいずつ炉に運んだ。それを車軸の間から注意深く落とし込み、火が豚を囲むように並べた。殺人現場で死体の周囲をなぞるチョークのラインに似ていなくもない。ハウエルは中央より周囲に多くの炭を入れ、部位によって焼け方が異なるようにした。「これは、豚の丸焼きに必要な技術のひとつにすぎない」とサミュエルは説明する。「現在レキシントンでよくやっているように、肩肉だけ焼くのなら、話は簡単だ」サミュエルは、そんなのはフランクフルトを焼くようなものだと言わんばかりに、嘲笑気味に「肩肉」と言った。「もちろん、ぼくらに言わせれば、そんなものはバーベキューじゃないけどね」

ハウエルは、炭を並べ終えると、豚の背に水をかけ、粗塩を何度も振りかけた。味つけのためではない。塩をまぶすと皮が乾燥して火ぶくれができ、やがて細かなひび割れが生じて香ばしさが増すのだ。

この後の焼きあげは骨の折れる作業で、時間もかかる。ハウエルは三〇分おきに、豚の周囲のぎりぎり肉汁がかかるところにシャベルで炭を足す。それを夕方の六時まで繰り返し、ようやく彼の仕事は終わる。その後も焼きあげは続き、真夜中頃、皆からジェフおじさんと呼ばれている共同経営者のジェフ・ジョーンズが来て、熱が十分入ったかどうかを確かめる。肉の真下ではなく周囲に炭を置くのは、できるだけ時間をかけて、ゆっくり焼くためだが、肉汁が落ちる範囲内に置くのは、香りづけのためだ。豚の背脂が溶けて落ちると、熱く燃える木炭はシューシューと音を立て、煙を上げる。その煙が豚肉においしそうな匂いをまとわせるのだ。薪の火では出せない匂いである。

運転中のわたしの鼻孔をくすぐったあの匂いが、再び漂いはじめた。わたしは、霊廟を思わせる調理棟の中央で、両側に並ぶ豚にはさまれて立ち、軽い酸素不足を感じつつ、腹のどこか深いところで、ここへ来て初めて……驚いたことに、食欲を覚えたのである。

覆いのない炉で肉を焼く匂いは、木の匂いと動物の脂の焼ける匂いが混じり合った力強いものである。わたしたち人間は、その匂いに強く惹かれる。自宅の前庭で豚の肩肉を焼いたときには、匂いに惹かれて近所の子どもたちが集まってきた。また友人を夕食に招いて肉を焼いていると、客の子どもが風下に立ち、オーケストラの指揮者のように腕を広げ、肉と薪の匂いが入り混じった空気を深く吸い込んだ。二度ほど吸ったかと思うと、急にやめて「煙でおなかいっぱいになったらいけないからね」と言った。

かつてこの匂いは、神々を喜ばせるものでもあったようだ。わたしたちが動物を生贄にするとき、神々の分け前は肉ではなく匂いだった。これにはもっともな理由が二つある。人間は生きるために食べざるを得ないが、神々は不死であり、食料を必要としない（もし必要とするなら、当然、消化し、排泄することになるが、それは神様にはあるまじき行為だ）。神々がわたしたちに求めるのは、肉そのものではなく、芳しい煙とともに天に届く肉の痕跡なのである。神々は煙で腹を満たすことができるのだ。第一、神様が肉を求めたとしても、どうやって届ければいいだろう。芳しい煙の柱は、天と地のつながりを象徴するものであり、神々に物を運び、コミュニケーションをとる最善の方法なのだ。つまり、この匂いが神々しいというのは、それほど大げさな表現でもないのである。

人間は、肉を焼く匂いが神々に喜ばれることを、遅くとも『創世記』の時代には知っていた。創世記では、生贄を捧げることで神との関係を変えたり、神が何を好まれるかを明らかにした話がいくつも語られる。最初のそれは、カインとアベルの捧げものである。地を耕すカインは収穫の一部をヤハウェに捧げた。羊飼いのアベルは最も良い子羊を捧げた。すると神は、明らかに羊のほうを喜ばれた（注1）。それに続く重要な捧げ物はノアによるもので、洪水が引き、ようやく乾いた地面に降り立つことができたノアは、「焼き尽くす献げ物」をヤハウェに捧げた。動物

を丸ごと一匹焼き尽くし、煙にして神に捧げたのである。「主はなだめの香りをかいで、御心に言われた。『人に対して大地を呪うことは二度とすまい。人が心に思うことは、幼いときから悪いのだ。わたしは、このたびしたように生き物をことごとく打つことは、二度とすまい』（創世記8：20）。動物の捧げ物（匂いだけだとしても）の効果を疑う人もいるかもしれないが、ノアの経験はその心配は無用だと語る。なにしろ神様は、肉の焼ける匂いをたいそう喜ばれ、お怒りをおさめられ、未来永劫、最後の審判を下したりはしない、と誓われたのだから。

さまざまな文化でさまざまな時代に、丸焼きを含む動物の捧げ物が行われ、その儀式の大半で、立ちのぼる煙を神に祈りを伝える手段と見なしてきたことには驚かされる。人類学者によると、こうした習慣は伝統的な文化に広く見られるそうだ。むしろ、現在そのような儀式が行われなくなったことのほうが異常なのかもしれない。もっとも、徐々にすたれたとは言え、豚の丸焼きなどにその名残を見ることができそうだ。

動物を捧げる儀式において煙が重要な意味を持っていたことは、料理の起源にまつわる伝説がまたひとつ増えることを示唆している。その伝説とは、料理は神に動物を捧げる儀式から始まった、というものだ。肉を火であぶれば、生贄の動物をどうやって天に届けるかという問題は解決するからだ。

神への捧げものは、次第に楽に用意できるものになった。それに合わせて、かつてはおごそかで、トラウマになりそうなほど残酷だった儀式は、祝宴へと進化していった。生贄にされるのは、生身の人間から動物に変わり、その動物も、最初は丸ごと一頭だったのが、やがて一部だけですまされるようになった。さらには、捧げ物としての意味も次第に薄れ（あるいはすっかりなくなり）、ついには裏庭でのバーベキューになったのである。そこに宗教的要素は皆無というわけではないが、ほとんど見られない。神様は動物を焼く煙を喜ばれる。だとすれば、動物を灰になるまですっかり焼く必要はないと、人間は気づいたのである。神様は肉をあぶる煙を喜ばれ、人間は、あぶった肉をおいしく食べる。実に都合がいい。

しかし、動物のいちばんいいところを人間が消費するならわしは、少なくともギリシャ・ローマの神話によると、ある人物の苦労の賜物であり、しかもその人は大きな代償を払うことになった。その人物とはプロメテウスで、その伝説は、不遜にも神に挑戦した人の物語として知られる。天の火を盗むことは神の特権を奪うことであり、犠牲は大きかったが、文明にとって素晴らしい恩恵となった――まさにそのとおりだが、ヘシオドスの『神統記』が語るプロメテウスの物語は、意味合いが少々異なる。それによると、火の略奪は、肉の略奪でもあったらしい。

『神統記』によると、そもそもプロメテウスは、雄牛を生贄にする儀式でゼウスを試し、その怒りを招いた（「メコネの籤」）。プロメテウスは雄牛の汚い胃袋に最良の肉を隠す一方、骨に白い脂肪を巻きつけ、どちらが欲しいか、とゼウスに尋ねた。すると、ゼウスは「光り輝く脂肪」にだまされて脂肪を選び、おいしい肉のほうを人間に残した。これが、動物を捧げる際の規範となり、以後、人間がおいしい肉を食べ、脂肪と骨を神々のために燃やすようになった。この習慣は『オデュッセイア』でも繰り返し描かれる（一八世紀イギリスの劇作家ヘンリー・フィールディングは『オデュッセイア』を、「ホメロスの食に関する素晴らしい書」と呼んだ）。

真実を知ったゼウスは激怒し、報復した――人間から火を取り上げ、肉を食べられないよう、少なくとも、食べにくいようにしたのだ。煮炊きするための火がなければ、人間は動物と同様に、生肉を食べるしかない（注2）。そこでプロメテウスは天界の火を盗み、太いウイキョウの茎の中に隠して地上に届け、人間に授けた。ゼウスはその仕返しに、プロメテウスを永久に岩に縛りつけ（毎日ハゲタカが彼の肝臓をついばんだ）、人間への報復としては、最初の女パンドラに、あらゆる災いを詰めた箱を持たせてこの世界に送り込んだ。

以上が『神統記』に記されたプロメテウスの物語である。それは、料理の起源にまつわる神話――プロメテウスのおかげで、人間は動物のおいしい部分を食べられるようになり、捧げ物がごちそうに進化した物語――として読むことができるが、同時にそれは、人間のアイデンティティにまつわる物語でもある。火を手に入れた人間は、動物とは異なる存在になったのだ。もっとも、その火は、捧げ物を焼くための火ではなく、料理のための火だった。そして、厳格な宗教儀式——神への服従の証として動物を一頭、焼き尽くすこと——は、やがてまったく種類の異なる儀式になった。つまり、おいしいごちそうを分かち合うことによって人々を結束させる儀式になったのだ。

スカイライト・インのダイニングルームに、そのように儀式ばったところはない。蛍光灯の下には木目調の合成樹脂のテーブルがばらばらに並び、カウンター上方には、昔懐かしいプラスチック文字でメニューが表示されている。この店について取り上げた色褪せた新聞記事や、雑誌の切り抜きが、先代の写真と共に壁を飾る。ドア近くのガラスケースには、二〇〇三年に受賞したジェームズ・ビアード・アワード（食のアカデミー賞とも呼ばれる）のメダルと賞状が誇らしげに飾られている。

しかしひとつだけ儀式的な要素があった。注文カウンターの後ろの壁に飾られた巨大なまな板である。それはバーベキューにおける祭壇であり、ジョーンズ家の人か雇われた料理人が、客の前で重く大きな包丁を操り、その「祭壇」に載せた豚の丸焼きを切り刻むのだ。まな板はメープル材で、端のほうの厚みは一五センチ近くある。しかし、多くの豚を刻んできたせいで、中央部はすり減り、三センチから五センチしかなかった。
「一年ごとに表裏を換え、端が傷んできたら新調するんだ」とサミュエルが言った。目の輝きからすると、これからお得意の宣伝文句が始まるらしい。「お客さんの中にはこのまな板を見て、おたくのバーベキューにはずいぶん木端が混じってそうだな、と言う人もいるけど、そんなときにはこう言い返している。そうだよ。ただし、うちの木端はそんじょそこらの肉よりよほど上等だよってね」

包丁がまな板を叩く、ドンドンドンという鈍い音は、スカイライト・インのダイニングルームのBGMになっている（「お客さんはこの音で、焼きたてのバーベキューにありつけることを知るんだ」とジェフおじさんは言う）。肉を切る職人の頭上にメニューボードがあり、数少ないメニューが示されている。バーベキュー・サンドウィッチ（二・七五ドル）、バーベキュー盛り合わせ（S、M、L、四・五〇〜五・五〇ドル）、量り売り（一ポンドあたり九・五〇ドル）、いちばん下に「すべてコールスローサラダとコーンブレッドつき」とある。あとは飲み物が数種類。一九四七年以来、変わったのは価格のみ。それも少々値上がりしただけだ（スカイライト・インのバーベキュー・サンドウィッチの値段は、エイデンのマクドナルドで売られているビッグマック（二・九九ドル）より安く、スローフードがファストフードより安い数少ない例のひとつである）。サミュエルはスカイライト・インの宣伝文句をまたひとつ披露する。「メニューはバーベキューとコールスローとコーンブレッドだけ。ここで聞かれるのは、何を食べたいかではなく、どれだけ食べたいか、なんだ」

わたしはカウンターでバーベキュー・サンドウィッチとアイスティをオーダーし、料理が揃うまで、ジェフおじさんが肉を切り刻み、味つけする様子を眺めた。塩、トウガラシ、アップルサイダー・ヴィネガー、そして、テキサス・ピート（辛口のバーベキューソース。ノースカロライナ産だが、「テキサス」と称するのは、本家本元のバーベキューソースといった感じがするからだろう）。ジェフは両手に一丁ずつ大包丁を握り、豪快に豚のさまざまな部位を刻んでいく。このプロセスが、豚の丸焼きを特別なものにするのだ。

「もも肉は、脂肪が少なく、少々ぱさつく。一方、肩ロースは脂肪が多く、柔らかでしっとりしている。もちろんどこよりジューシーなのはバラ肉だ。ほかにバークも入れる」とジェフ。バークというのはバーベキュー用語で、外側の焦げた層のことだ。「そして皮は塩が効いて、ぱりっとしている。それらを全部切り刻む。ただし、あまり細かくならないように。それに味つけをして、よくかき混ぜる。そうすれば、ホールホッグ・バーベキュー［豚を丸焼きにするバーベキュー］の完成だ」

ジェフは、味つけする前の肉を皿に盛って、わたしに勧めた。これを食べれば、この店が「ソース」に頼っていないことがわかるから、と。彼は「ソース」という単語を、唇を突き出し、冷笑気味に発音する。彼にしてみれば、バーベキューソースなどというものは、良くてもせいぜい料理を支える松葉杖のようなもので、悪くすればモラルの欠如なのだ。

言われたとおり、わたしは味つけなしのバーベキューを食べてみた。目が開かれる思いだった。

しっとりしていて、野趣に富み、まぎれもない、かといって強すぎもしないスモークの香りがする。裏庭でオークの薪で白煙を立てながら焼いた肉に比べると、その風味ははるかに繊細だった。もも、肩、ばら、焦げ目と、さまざまな味わいの肉を楽しめるのが実にいい。だが、とりわけおいしいのは、肉の中に散らばるパリパリした赤褐色に焼けた皮だ。塩と脂と薪の香りのバランスが絶妙なのだ（イメージとしては、カリカリに焼いたベーコンに近いかもしれない）。突如としてわたしは理解した。ボー・ボー少年が、指についた皮を思わず口に入れたときと同じで、パリパリした豚の皮には、人生を変える何かがあるのだ。

　味つけされたバーベキュー・サンドウィッチはさらにおいしかった。アップルサイダー・ヴィネガーのぴりっとした酸味が、脂肪のねっとりした甘さをちょうどいい具合に抑えている。脂が肉全体に染みわたり、スモークの強い香りとも調和している。さらに、レッドペッパーが素朴な味を引き締め、いっそうおいしい。

　これこそバーベキューだ。一口食べた瞬間、自分が本物のバーベキューを食べたことがなかったことを悟った。今まで食べた中でとびきりおいしくジューシーだ。これまでにサンドウィッチに使ったお金の中で、最高に価値のある二・七五ドルだった。これこそが「バーベキュー」である。人生の大半を通じて、その言葉を濫用してきたことを悔いた。北部の人間であるわたしは、バーベキューと称して裏庭でステーキや骨つき肉を、熱すぎる火で焼いて——炎でじかにあぶって——黒焦げにし、情けないことに、味をソースに頼り切っていたのだ。サンドウィッチを食べ終わらないうちに、わたしはこの作り方をマスターし、神聖なる「バーベキュー」を家で再現しようと決意した。

このサンドウィッチには多くの要素が含まれていた。豚肉のあらゆる部位が含まれていただけでなく――もちろん、ひと口ごとに新しい発見があったが――、木と時間と伝統が含まれていたのだ。ノースカロライナ州東部では、何世代にもわたって、バーベキューはこの方法で作られてきた。それは、わたしが読んだバーベキューの歴史に関する本に記されていた方法と同じだ。このサンドウィッチに土地と歴史が正確に反映されていたことに、わたしは感銘を受けた。サンドウィッチにテロワール――フランス人がワインやチーズに感じる風土や土壌――があるとしたら、このサンドウィッチには確かにそれがある。この味には土地と歴史が染み込んでいるのだ。

ヨーロッパ人がこの地に足を踏み入れて以来、豚はこのあたりではずっと主要な家畜だった。実のところ、南部では、「肉」と言えば「豚肉」のことなのだ。スペインからの侵略者、エルナンド・デ・ソトがアメリカ南部に豚を持ち込んだのは、一六世紀のことだった。以後、数世紀にわたって、それらの子孫は両カロライナ州で放牧され、樫やヒッコリーの森で木の実を食べて数を増やした。このことは、少なくとも飼育場に囲い込まれるまで、東部の木々の風味は、二つの経路から豚に染み込んだことを意味している。ひとつは、樫の実やヒッコリーの実として口から、もうひとつは、薪の煙として（肉を刻むまな板も入れれば、三つになる）。そうした野生の豚は、必要に応じて狩られるか、または秋に牛追い（カウボーイ）ならぬ豚追いによって集められた。豚は豊富だったので、時には奴隷もそれを食べることを許された。また、一頭からたくさん肉がとれるので、南部で豚を丸焼きにするのは、地域の集まりなど特別なときだった。

　豚を薪で丸焼きにする習慣は、奴隷とともにアメリカ南部にもたらされた。奴隷たちは、経由地となったカリブ海の島々で、土着の人々が焚き火の上に生木を組み、さばいた動物をその上に広げて丸焼きにするのを目にしていたのだ。カリブの人々が「バルバコア」と呼ぶ（少なくともアフリカ人やヨーロッパ人の耳にはそう聞こえた）この技術とともに、奴隷たちはレッドチリペッパーの種子をアメリカに持ち込み、それがバーベキューの重要な香辛料になった。

　かつて両カロライナ州では、豚の丸焼きはタバコの収穫と結びついていた。秋の数週間、地域全体がタバコの収穫に参加した。男たちはタバコの葉を収穫して乾燥小屋に運び、女たちはそれを仕分けて竿から吊り下げた。そして小屋の中でオークの薪を夜通し燃やし、ゆっくりと葉を乾燥させた。その後、薪を燃やしてできた木炭を集めて穴に投げ入れ、その上で豚を丸焼きにした。バーベキューは秋の風物詩になり、人々はそれを食べながら収穫を祝い、労働者の働きに感謝したのである。根気よくタバコの葉を吊り下げ、乾かすリズムは、薪でゆっくり豚を丸焼きにするリズムによく合った。わたしはノースカロライナで黒人のピットマスターに会ったが、彼の子ども時代のバーベキューの思い出は、タバコの収穫の思い出と強く結びついていた。それは黒人と白人がともに働き、隣りあってごちそうを食べる数少ない機会のひとつであったという。

バーベキューをアメリカに持ち込んだのは、主にアフリカ系アメリカ人だったが、南部の白人たちもその料理を好んだ。もっとも、彼らは、最高のピットマスターはたいてい黒人だと正直に認めるだろう（ピットマスターは最近まで「ピットボーイ」というやや侮蔑的な呼び方をされていた）。スカイライト・インのように、オーナーは白人で裏方のピットマスターは黒人という形が、バーベキュー店の典型だった。しかし、白人と黒人が混じり合ったスカイライト・インの客を見ればわかるように、「どの店のバーベキューがおいしいか」については、両者の意見はたいてい一致した。人種差別が激しい時代でも、バーベキューに関しては白人と黒人が同じ店をひいきにした——もっとも一九六四年に公民権法が施行されるまでは、同じ店で食べることが許されなかったため、その店が黒人専用なら、白人はテイクアウトの売り場に並び、白人専用なら、黒人はテイクアウトに並んだ。ノースカロライナのバーベキューに詳しい歴史家ジョン・シェルトン・リードとデイル・ヴォルドバーグ・リードによると、現在のバーベキュー・レストランは、「ほかのどこより人種差別がない」そうだ。

どんな料理にも意義深い要素が詰まっているが、この料理にはすべてがある。最愛の豚、地元の森の煙の香り、南部の生活と労働から聞こえるリズム、そして人種を超えた絆、そのほかにもわたしの知らない要素が、このとびきりおいしく、庶民的で、誰でも買える値段のサンドウィッチの調味料になっているのだ。

だが、残念なことに、ここスカイライト・インのすべてが甘美（スウィート）で、明るいわけではない。いや、スウィート、ではある。コールスローは真っ白で、細かく刻まれているが、歯にしみるほど甘い。紅茶も甘すぎる。また、脂を含むコーンブレッドは、風味は良いが、こってりしすぎている（ラードを使えば、こうはならないはずだ）。しかし、わたしが気がかりなのは、それらではない。食事は確かにおいしかったが、コーンブレッドのラードについてジェフ・ジョーンズから聞いた話が心に引っかかっていたのだ。それは、近代化の波にあらがうジョーンズ家の抵抗が、ある一点において完敗を喫していることを語っていた。一九四七年以降、何かが変わった。その変化は見えにくいが、目をそらすわけにはいかない。

調理棟でジェフは、昔はあぶっている豚の下に鍋を置いておけば、翌朝にはコーンブレッド作りに必要なラードが溜まっていたものだ、と語った。だが今は違う。今日の豚は脂肪がほとんどないので、コーンブレッド用のラードを買わなければならないのだ。ジェフによると、品種改良が進んで、豚は赤身が多くなり、成長も早くなったそうだ。実のところ豚は、遺伝学と近代的な飼料と化学薬品のおかげで、生後数か月で食肉にできるようになった。ジェフはそのような近代的な豚があまり好きではない。記憶に残る豚に比べると、格段に風味が落ちるのだ。だが、わたしたちはそれを買うしかないのである。

「このごろの豚は、生まれてから死ぬまで飼育場の中で過ごす。床はコンクリートで、食べるものといえば与えられた飼料だけ。かつての味わいがないのも当然だよ」サミュエルが口をはさんだ。「それに、ステロイドで大きくされている」農家はステロイド剤で家畜の成長を促しているのだ。

ジョーンズ家の人々は、豚の工業的生産が効率的である半面、非常に残酷であることを熟知しているらしい。ここノースカロライナ沿岸部の平原に住んでいれば、知らずにはいられないだろう。エイデン近郊に次々に誕生した大規模畜産施設では、何十万頭もの豚が、糞尿プールの上に並ぶ鋼鉄製の檻の中で、押し合いへし合いしながら、短い生涯を送っている。だが、これらの豚は、知性においても感受性においても、犬にひけをとらない動物なのだ。種豚は、交配しやすくするために、向きを変えることもできない狭い檻に入れられて一生を過ごす。業界の慣習により、子豚は尻尾の先をニッパーで切り落とされる。短くしておかないと、監禁状態のストレスから互いの尻尾に噛みつくことがあるからだ。わたしは、ここからそれほど離れていないその種の施設を訪ねたことがあるが、そこで見た光景は、すぐには忘れられそうにないものだった。それは底なしの豚の地獄で、悪臭と叫びにも似た鳴き声が今もまざまざとよみがえる。

そんな記憶やイメージを忘れてバーベキュー・サンドウィッチを堪能できたのは、ジョーンズ家の人々の温かさと、彼らが大切に守ってきた昔ながらの雰囲気のおかげだろう。わたしを含め、現代人は割り切るのが得意で、空腹時にはなおさらそうなのだ。とはいえ、スカイライト・インが主に豚肉を提供していることを知って以来、ずっと気になっていたことがある。それは、本来優しく扱われるべき豚が、品種改良され——科学と産業と不人情によって——虐待されているのであれば、「本物のバーベキュー」は果たして本物と言えるのか、ということだ。夜通し燃やす薪、注意深くピットに並べる木炭、肉の世話をする昔ながらのピットマスター、そうした要素からなるスカイライト・インの呪術めいた儀式は、異質なものを隠蔽するために行われているのだろうか。言うなれば、人工的な豚肉に、道徳と美意識の香りを加えるバーベキューソースなのだろうか。

ジョーンズ家の人々は、豚の現状をどうにかできるとは思っていない。その点では、バーベキュー業界の主流とほぼ同じだ。今日、南部バーベキューのメインになっているのは、「安い豚肉」で、ジェフ・ジョーンズのようにもっと上等な豚を覚えている年配の人は、ほとんどいなくなった。今でもノースカロライナには、昔ながらの方法で豚を飼っている農家もわずかながら存在し、そうした農家の肉はあらゆる点で（ラードも含めて）すぐれている。しかし、そのような豚肉を仕入れて、バーベキュー・サンドウィッチを二・七五ドルで提供できるレストランは存在しない。現在、最も庶民的なサンドウィッチは、最も残酷な農業に支えられているのだ。

しかし、時間をかけて十分燻し、少々バーベキューソースを混ぜ込めば、どんな豚肉も驚くほどおいしい（あるいは、おいしそうに見える）サンドウィッチになる。結局のところ、料理、少なくとも肉料理は、わたしたちが（実際に、あるいは比喩として）消化できない素材に手を加え、心理的あるいは化学的に変換し、消化できるようにすることなのだ。料理は、残酷な現実（死んだ動物の肉を食べること）と、糊の効いたリネンと磨き上げた銀器がセットされた食卓との距離を広げる手段である。この点において大規模畜産施設は極端な事例にすぎず、食肉の生産と加工は本来きれいごとではすまないことなのだ。「さて、食事は終わった」とかつてラルフ・ワルド・エマーソンは記した。「食肉処理場を何マイルも離れたところに巧みに隠したとしても、わたしたちはその共犯者なのだ」

この問題は新しいものではない。それに、食べるために動物を殺すことに罪の意識や、良心の咎めを感じるのは、わたしたちが最初でもない。古来、動物を生贄にする儀式が広く行われてきたことは、人間がはるか昔からそのような良心の呵責を感じていたことを示唆している。ギリシャの司祭は生贄ののどにナイフを突き立てる前に、その動物の額に水をかけて頭を振らせ、それを承認の印と解釈していた。結局のところ生贄の儀式は、したくはないが、しなければならないことをするための都合のいい方便なのだ。人々はその儀式を執りおこなうことによって、動物を殺すのは、自分たちの食べる楽しみのためではなく、神様が生贄を望まれるからだ、と自らを納得させた。さらには、動物の肉を火で焼くのは、おいしくするためではなく、立ちのぼる煙が捧げ物を天まで送り届けてくれるからであり、また、人間が最良の部分（肉）を食べるのは、それがおいしいからではなく、神様が煙しかお求めにならないからなのだ。

動物の中で人間だけが、食べ物に「食べるにふさわしいこと」――つまり、おいしくて安全で栄養があること――だけでなく、クロード・レヴィ＝ストロースの言葉を借りれば「食べるにふさわしいと思えること」を求める。それは、わたしたちが何かを食べるときには、「思考」もそれを食べているからだ。動物を神に捧げる儀式は、動物の肉を「食べるにふさわしいと思える」ものにした。つまり、動物を殺し、調理して食べるという、困難で躊躇を伴う恐ろしい行為を、少しでも楽にできるようにしたのである。そう考えれば、ホメロスの著作でも『レビ記』でも、動物を殺し、解体し、調理するという作業のすべてが司祭の手で行われなければならなかった理由がわかる。それらはすべて厳粛な務めだったのだ。現在、わたしたちは生贄を野蛮な儀式と見なし、野蛮な行為を正当化しようとする姿勢を笑うが、こうした儀式を行っていた人々は、動物の肉を食べるのは由々しきことであり、決して軽々しく行うべきではないと考えるからこそ、そこに神を介在させようとしたのである。現在わたしたちは何の抵抗もなく肉を食べるようになったが、だからと言って、由々しきこと――ある種の生贄――が起きていないわけではない。あなたはこう自問するに違いない――いったいどちらが「野蛮」なのだろう、と。わたしたちは、肉が皿に盛られるまでの過程に参加しなくなり、その結果、古代の人々に比べて、より動物に近い食べ方をするようになったのではないだろうか。

このことは、生贄の儀式のもうひとつのはたらきを明らかにする。それはつまり、一方では人間と動物の線引きをし、他方では、神と人間の線引きをすることだ。人間以外の動物は、獲物を殺したり食べたりすることを、儀式によって覆い隠したりはしない。また、火で食べ物を焼いたりもしない。生贄の儀式に参加した人々は、神と動物の中間に自らを位置づけた。神に捧げ物をすることによって神の優勢を認め、動物を屠ることで動物に対する人間の優勢を示したのだ。こうした儀式の手順は、人間の位置づけをはっきりと語っている。

料理はある意味、生贄の儀式を世俗化し、その意味を希釈したものであり、ゆえにそれもまた自然界における人間の位置づけをわたしたちに知らしめ、また、ほかの生き物を食べることに伴う後ろめたさを軽減する。火が光合成の産物を破壊するように、料理とは本来、破壊行為——殺し、解体し、細切れにし、潰す——であり、動物を生贄にすることはまさにその神髄と言えるが、その一方で料理はエマーソンが言うように「食肉処理場を何マイルも離れたところに隠す」のを助けてもくれる。同時に、厨房でなされる絶妙にして洗練された魔術は、人間が種としていかに成功したか、自然選択の血に染まった牙をかわし、一種の超越を成し得たかを語る。料理は、人間と動物をはっきり区別する。人間のほかに料理ができる動物はいないのだ。

ジェイムズ・ボズウェルは「人間とは、料理をする動物だ」と定義している。「なぜなら、動物にも記憶力と判断力はあり、また、人間のような心的能力や感情もある程度見られるが、料理をする動物はいないからだ」。料理を、人間を定義する能力と見なすのは、ボズウェルだけではない。レヴィ＝ストロースによれば、多くの文化において「生のもの」と「火を通したもの」の違いは、動物と人間の違いを表現する言葉として用いられているそうだ。著書『生のものと火を通したもの』において彼は、「料理は自然から文化への移行を示すだけではない。料理を通して、あるいは料理によって、人間とその特質のすべてが定義されるのだ」と書いている。料理は自然の産物を変化させる。そして、料理をすることによって、わたしたちは自然より上の存在になり、人間になったのだ。

もしも人間の営みに、生のものに火を通して、料理に変えることが含まれるなら、それをするために人間が考案した方法には、自然に対する姿勢と、文化に対する姿勢の両方が見てとれるはずだ。レヴィ＝ストロースは世界中の何百という民族の食習慣を研究し、自然の産物をおいしく消化しやすいというだけでなく、より人間的なもの（つまり、食べるにふさわしいと思えるもの）にする方法は主に二つある、と結論づけた（彼は二元論が嫌いではなかったようだ）。火で焼く方法と、鍋で炊く方法である。

バーベキューか蒸し煮か。ローストかボイルか？　どうやらそれが問題であり、わたしたちが自分を誰だと思うかは、その答えにかかっているらしい。火で直接焼くのに比べて、蒸し煮や煮込みは、自然を変化させる、より文明的な方法と言える。蒸し煮や湯煮は、肉に完全に火を通し、動物（さらには、わたしたち自身の中にある動物性）を完全に変容させるのだ。一方、火で焼いた場合、肉は原形を保ちやすく、血が残ることさえあり、それがかつて生きていた動物だということを否応なく思い出させる。しかし、残酷さが垣間見えることは必ずしも欠点ではない。それどころか、血が滴るステーキを食べれば精力が増すと信じる人もいる。「それを食べる人は誰でも雄牛のような力を身につける」とロラン・バルトは『現代社会の神話』で書いている。それに比べて、蒸し煮や煮込み――特に角切りにした肉を何時間も鍋で煮込んだ料理――は、種どうしの残酷な相互作用を純化し、忘れさせる。

確かに、残酷さを忘れられるのは、日常生活においてメリットが大きい。いったい誰が、日々の生活において、生と死、さらには人間の本質に関わる実存主義的問題に向き合いたいと思うだろう？　それでも時にわたしたちは、そうしたいと、薄っぺらな文明の下で何が起きているかを知りたいと、思うものだ。おそらくそれは、あえて森でキャンプを張って不便さを楽しんだり、必要でもないのに狩りで肉を調達したり、トマトを育てたりしたくなるのと同じではないだろうか。これらの行動はすべて、大人の娯楽の体裁をとるが、ただの楽しみではなく、わたしたちが何者であり、どこから来たか、自然のはたらきとはどのようなものか（そしておそらくは、男性性がまだ必要とされていた時代はどうだったか）、を思い出すための、儀式的な行動になっている。肉を火で焼くのは――裏庭で数枚のステーキを焼くバーベキューであれ、動物を丸ごと一頭、夜通し薪で焼くのであれ――、そうした儀式的行動の中でも最も心沸き立つものであり、一般に戸外で、特別な場面で、多くの人が見守る中、男性によって行われる。こうした料理は何を讃えてなされるのだろう。むろんそれはいろいろで、男性の力（狩りの成功という意味も含めて）を讃える場合もあれば、神への捧げ物という場合もある（この場合、パフォーマンスとしての料理には、人々を引き寄せる力もある）。しかし、何より讃えているのは、火で焼く料理の力そのものだろう。煙が立ちのぼる王国で木と炎と肉がひとつになるときほど、その力が輝かしく、ありありと感じられるときはないのだ。

Ⅱ　マサチューセッツ州ケンブリッジ——火の使用と料理の発明

「〜する動物は人間だけだ」

　この耳あたりのいいフレーズはこれまで何度となく使われてきたが、たいていは、後になって間違いだとわかった。ひとつ、またひとつと、科学は、人間だけの特徴だと思われていた能力がほかの動物にも備わっていることを明かしてきたのである。苦悩、理性、言語、計算、笑い、自意識——すべて、かつては人間の専売特許とされていたが、動物の脳と行動について科学の理解が進むと、そうではないことがわかった。ジェイムズ・ボズウェルの「料理をする動物は人間だけだ」という定義は、ほかの定義より長持ちしそうだが、「〜するのは人間だけだ、と定義したがる動物は人間だけだ」と言ったほうが、より確実だろう。

　しかし、このくだらない競争で、料理がどうにか優位を保ちそうに見えるのには、それなりの理由がある。それは、火の使用とその結果としての料理の発明がなければ、「〜するのは人間だけだ」といった言い回しを考えつくほど大きな脳と強い自意識は進化しなかったからだ。

これが進化論に新たに登場した「料理仮説」の趣旨だが、この仮説は、人間の自尊心の枠組みに皮肉な混乱をもたらした。この仮説によると、料理は、レヴィ＝ストロースが言うところの「自然を文化に変えることの喩え」などではなく、進化の大前提にして生物学的基盤ということになるのだ。もしもわたしたちの祖先である原人が、火を使用せず、当然ながら料理もしなかったら、彼らはホモ・サピエンスにはならなかっただろう。わたしたちは料理を、人間を自然状態から引き上げる文化的な革新であり、人間の卓越性の表れだと考えている。しかし、現実はもっと興味深い。料理をすることは、今では（かってもそうだったが）人間の生態に刷り込まれており、エネルギーを大量に消費する大きな脳を養うには、人間は料理をするしかないのだ。人間にとって料理をすることは、自然状態からの逸脱ではなく、鳥にとっての巣作りと同様に、まさに自然の本性なのである。

わたしが初めて料理仮説と出会ったのは、一九九九年の『Current Anthropology』誌に掲載された「The Raw and the Stolen: Cooking and the Ecology of Human Origins（生のものと盗んだもの――料理と、人間の起源の生態学）」という論文を通じてであった。ハーバード大学の人類学者で霊長類学者のリチャード・ランガムと四人の研究者の共著だった。ランガムは、二〇〇九年にこの理論をさらに膨らませた著書、『火の賜物――ヒトは料理で進化した』を刊行した。その本が出版されて間もなく、わたしは彼とEメールでやりとりするようになり、ついに会う機会を得てハーバード大学の教職員専用クラブで一緒にランチ（生野菜のサラダ）を食べた。

彼の仮説は、一九〇万年前～一八〇万年前のアフリカでわたしたちの祖先ホモ・エレクトスに起きた劇的な変化を説明しようとするものだ。祖先であるホモ・ハビリスに比べて、ホモ・エレクトスは顎と歯と内臓が小さく、一方、脳はかなり大きい。直立歩行し、地上で生活し、サルより人間に近くなった最初の霊長類である。

これまで人類学者は、人類の脳が大きくなったのは肉を食べるようになったからだと説明してきた。なぜなら、動物の肉には植物より多くのエネルギーが含まれているからだ。しかしランガムは、ホモ・エレクトスの消化器官（歯や顎も含む）は生肉には向かず、食事の大半を占めていたはずの（霊長類には不可欠な）生の植物にはなお向かない、と指摘する。何であれ生の食物は、咀嚼や消化に大きな内臓と強い顎や歯を必要とするが、わたしたちの祖先は、大きな脳を獲得した時期に、それらを失ったのだ。

火の使用と料理の発明はこうした変化をうまく説明する、とランガムは主張する。料理は食物の咀嚼と消化吸収を楽にするので、強い顎や大きな内臓は不要になる。消化はどの動物にとっても費用のかかる作用であり、特に、生の食べ物を消化・吸収するには多大なエネルギーが必要とされる。と言うのは、肉なら強靭な筋肉繊維や腱、植物なら細胞壁の硬いセルロースを分解してからでなければ、そのアミノ酸や脂質、糖質を吸収することができないからだ。そして料理とは実質的に、体の外で行う消化、つまり、体のエネルギーの代わりに火のエネルギーを利用して、複雑な炭水化物を分解し、タンパク質をより消化しやすい形に変えておくことなのだ。

火で熱すると、食物はさまざまな変化を遂げる。それらの変化には、化学的なものもあれば、物理的なものもあるが、いずれも同じ結果をもたらす。つまり、それを食べる生物がより多くのエネルギーを吸収できるようになるのである。まず、熱はタンパク質を変性させる。折りたたまれた構造を開いて、より多くの面が消化酵素に触れるようにするのだ。また時間をかければ、筋肉の結合組織（腱や靭帯）の硬いコラーゲンを、柔らかく消化しやすいゼラチンに変えることもできる。植物性食物の場合、熱はデンプンを「糊化」する。これは、デンプンを単糖に分解するための第一段階である。生食では有毒なキャッサバなどの植物は、熱を加えることで無毒化され、栄養も増える。ほかにも料理の火は、食材に付着している細菌や寄生虫を死滅させ、また、肉の腐敗を遅らせる。食材は熱を加えることで、舌触りと風味が良くなり、その多くが柔らかくなり、甘味が増したり、苦味が抜けたりする。ただし、わたしたちがそれをおいしいと感じるのは、本来持っている嗜好のせいなのか、それとも、人類として二〇〇万年近く火を通した料理になじんできたせいなのかは、はっきりしない。

料理することで、マイナスの結果、ともすれば有害な結果が生じることもある。ある種の食物は、高熱を加えると発がん性物質が生まれるのだ。しかし、そうした危険より、料理によってもたらされるエネルギーの増加のほうが重要である。結局のところ、生きることはエネルギーを奪いあうことだからだ。わたしたちの祖先にとって料理は食の可能性を大きく広げ、ほかの動物を圧倒する競争力をもたらした。そしてさらに意義深いこととして、食料を探したり咀嚼したりするだけでなく、ほかのことをする時間を与えたのである。

これは重要なことだ。ランガムは、人間に近いサイズの霊長類の観察から、料理を覚える前の人類は、起きている時間の半分を咀嚼に使っていたと見ている。チンパンジーは肉を好み、狩りもうまいが、咀嚼に時間をとられるので、狩りに使える時間は一日に一八分ほどしかない。それでは肉を常食することはできない。ランガムは、料理によって日に四時間の余裕が生まれたと見積もっている（これは現代人がテレビの視聴に費やす時間とほぼ同じである）。

「食欲旺盛な動物は……ひたすら食べつづけ、絶え間なく排泄する」とローマ時代のペルガモン生まれの医師ガレノスは言った。「プラトンが述べたように、それらの生活に哲学や音楽をたしなむ余裕はないが、より高貴な動物は、休みなく食べたり排泄したりはしない」。料理によって、人間は四六時中食べなくてもよくなり、高貴になり、哲学と音楽をたしなめるようになったのだ。人間の神にも似た力は、神から贈られた、あるいは神から盗んだ火に由来すると語る神話は世界各地にあるが、それらにはわたしたちが思う以上に深い真実が秘められているのかもしれない。

だが、ルビコン川を渡り、大きな内蔵の代わりに大きな脳を得た今、生食主義者（ローフード）がいくら望んでも、もう後戻りはできない。ランガムは、人間は生食だけでは健康を維持できないことを示すいくつかの研究を引用している。生食だけでは体重を維持できず、女性の半数は月経が止まる。生食の信奉者がジューサーやミキサーを多用するのは、そうしなければチンパンジーと同じように咀嚼に時間をかけなければならないからだ。生の植物だけで大食いの脳を備えた体に十分なエネルギーを供給するのは不可能に近い。脳の重さは体重のわずか二・五パーセントだが、脳は基礎代謝量（じっとしていても必要なエネルギー）の約二〇パーセントを消費する。ランガムは、「牛が草食に適応したように、人間は料理した食物に適応した」と言う。「人間は、料理したものを食べることと深く結びついており、その結果は心から体まで、人間のすべてに浸透している。人間は料理をするサルであり、炎を操る動物なのだ」

この仮説が正しいかどうか、どうすればわかるだろう。それは難しい。これはただの仮説であって、簡単に証明できるものではないのだ。ホモ・エレクトスが二足歩行していた時代に、人類が料理をしていたことを証明する化石の証拠は、まだ見つかっていない［ランガムは、ホモ・エレクトスの登場を一九〇万年前から一八〇万年前と見ている］。しかし、この仮説は近年、信憑性を増している。ランガムがその本を出版したとき、火の使用を示す最古の化石はおよそ七九万年前のものだった。しかしランガムの仮説が正しければ、料理はそれより少なくとも一〇〇万年早く始まっているはずだ。証拠となる化石が見つからないことについてランガムは、それほど古い証拠が今日まで残っているとは考えにくいと弁明した。それに、肉を料理したとしても、焦げた骨が残るとは限らないのだ。しかし最近、考古学者は南アフリカの洞窟で火床を見つけた。それはかなり古く、およそ一〇〇万年前のものだった（注3）。現在、さらに古い時代の、料理の証拠の探索が続けられている。

少なくとも現時点では、ランガムの主張はすべて推論に基づくものだ。およそ二〇〇万年前、新たな進化圧がある霊長類の進化の道筋を変え、脳を大きくし、内臓を小さくした。この新たな進化圧として最もありえそうなのは、これまでにない質の高い食事である。肉そのものは、食生活の向上には結びつかない。犬と違って、霊長類はそれだけで生きていけるほど、生肉を効率よく消化することはできないのだ。摂取エネルギーの劇的な増加をもたらしたのは、料理の発明以外に考えられない。ランガムは言う。「わたしたち人間は肉食動物である以上に、料理人なのだ」

料理の発明が人類の進化の道筋を変えるほどのカロリーの増加をもたらしたことを証明するために、ランガムは、生の餌と、調理した餌の効果を比べた動物実験をいくつか紹介している。ニシキヘビの餌を、生の牛肉から焼いたハンバーグに変えると、「消化にかかるコスト」は二五パーセント近く減少し、ほかのことに使えるエネルギーがヘビには残された。また、マウスでは、加熱した肉を食べたもののほうが、同量の生肉を食べたものより成長が早かった（注4）。ペットが肥満しやすい原因はここにありそうだ。なぜなら、現代のペットフードはほぼすべて調理されているからだ。

カロリーはどれも同じではないように思える。あるいは、食通で知られるフランスの政治家、ジャン・アンテルム・ブリア＝サヴァランが『美味礼讃』で引用した古い諺のように、「人は食べるものによってではなく、消化したものによって生きている」のだろうか。料理は食べ物を、より少ないエネルギーでより多く消化できるようにする（注5）。興味深いことに、動物は本能的にそれを知っているらしい。つまり、多くの動物は、選べるのであれば、生の食べ物より、料理した食べ物を選ぶのだ。これは驚くほどのことではない。「料理したものは、生のものより好ましい」とランガムは言う。「なぜなら、生きるとは、エネルギーを摂取することであり、料理した食べ物はより多くのエネルギーを生み出すからだ」

動物は元来、豊かなエネルギー源を見つけるために、さまざまな感覚器官を進化させており、ゆえに、料理した食物の匂い、味、食感を好んだ、つまり、「前適応」したのではないだろうか。甘み、柔らかさ、油っぽさといった料理した食べ物の性質はすべて、カロリーの豊富さと消化しやすさを示唆している。わたしたちの遠い祖先は、本能的に高エネルギー食品を好むようになっていたので、料理した食べ物を即座に気に入ったのかもしれない。ランガムは、人類がいつ頃から料理のメリットを知っていたかという問題に関連して、多くの動物は森林火災の焼け跡をあさり、焼けたネズミや種子を好んで食べることを指摘している。例えば、セネガルのチンパンジーは、火事でこんがりと焼けたときだけアフゼリアの種子を食べるそうだ。わたしたちの祖先もまた、森林火災の残骸をあさっていたのだろう。焼け跡でおいしそうなものを探しただろうし、時には、チャールズ・ラムの随筆に登場したボー・ボーのように、火による変化の恩恵にあずかったかもしれない。

多くの理論と同じく――進化論自体、そうなのだが、――料理仮説は、科学的に証明できるものではない。ゆえに、それを「よくできた物語」、プロメテウスの神話を現代にうつしたものにすぎないと見る人もいる。しかし、人類が出現した理由として、これ以上、辻褄の合った話があるだろうか。料理仮説がわたしたちに示すのは、きわめて説得力のある現代の神話――神の言葉ではなく、進化生物学の言葉によって語られる神話――である。それを神話と呼ぶのは、信憑性が薄いと思うからではない。ほかの同じような話と同様、それはものごとの起源を、その時代の最も力強い言葉で語ったものであり、現在ではそれが進化生物学の言葉だったというだけのことだ。驚かされるのは、古代の神話と現代の進化論がどちらも料理の炎に注目し、等しく人類の起源をそこに見ていることだ。この一致だけが、唯一の証拠と言えるだろう。

Ⅲ　ちょっと一息――豚から見れば

わたしは個人的な経験から、動物も、人間と同じく火を通した料理、中でもバーベキューの匂いに惹きつけられると、断言できる。これからお話しすることは、嘘のように思えるかもしれないが、まぎれもない真実である。わたしはティーンエイジャーの頃、しばらくの間、豚を飼っていた。白く若い雌豚で、名前はコーシャー。父からのプレゼントで、名づけたのも父だった。父がどんなつもりで豚をくれたのか、今もよくわからない。当時、わたしたちが住んでいたのはマンハッタンの高層アパートの一一階で、わたしは豚をねだった覚えはなかった。ただ、『シャーロットのおくりもの』［一九五二年刊行の児童文学。子豚のウィルバーと蜘蛛のシャーロットの友情を描く］を読んで以来、豚が好きになり、豚に関する本や豚の人形を集めていたのは確かだ。自分としてはささやかな趣味のつもりでも、はたから見れば熱愛に見えることもあるらしい。ともあれ、やがてわたしの寝室には豚関連のものがあふれんばかりになったが、豚を贈られた一六歳当時、熱は少々冷めていた。

だが父は、わたしが本物の豚を欲しがっていると思い込み、秘書を介してニュージャージー州の農場から子豚を調達した。そういうわけで、ある晩、靴箱に入った子豚が我が家に届いた。それはペット用のミニチュア豚ではなかった。ごく普通のヨークシャー種で、普通に育てれば二五〇キロくらいまで成長する。わたしたちの住まいはアッパー・イースト・サイドの門番つきのアパートで、ペットを飼うことは許されていたが、大人の豚がその範疇に収まらないことは、わたしにもわかっていた。

幸運にも、コーシャーと過ごした時期の大半は夏で、わたしたちは浜辺のコテージに住んでいた。コテージは砂地に立てた支柱の上に建っていて、コーシャーはテラスの下に棲んだ。豚は日焼けしやすいので（豚が泥浴びを好むのはそのためだ）、わたしはコテージの下にフェンスを巡らして檻を作った。うちにきたときにはフットボールくらいの大きさで、だから靴箱にも入ったのだが、それは長く続かなかった。ローマ時代の医学者ガレノスの言葉を借りれば、コーシャーは「食欲旺盛で、絶えず食べ、絶えず排泄した」。真夜中に、餌をすっかり平らげ、空っぽになったボウルを聞えよがしにガラガラと大きな音を立ててひっくり返し、腹の底から不満の叫びを上げる。それでも餌の入ったバケツを手にした人間がやってこないと、家の支柱に頭突きをしはじめ、コテージを揺さぶってわたしを起こすのだった。餌を切らした夜は、冷蔵庫の中身をすべてボウルにぶちまけた。残り物はもちろんのこと、卵、ミルク、ソーダ、ピクルス、ケチャップ、マヨネーズ、薄切りの肉、それに、（少々罪悪感があったが）豚肉のハムを入れたこともあった。コーシャーはそれをすっかり平らげ、その様子にわたしは圧倒された。まさに豚のごとく彼女は食べたのだ。
だが、物語はそれで終わりではない。ある晩、コーシャーのフォルスタッフ並みの食欲が、わたしたち家族と近隣住民を巻き込む大事件を起こしたのだ。おなかがすいているとき、何かおいしそうな匂いを嗅ぎつけると、コーシャーはよく、フェンスを鼻先で押し上げて脱走したものだった。目指す先はたいてい近所のゴミ箱で、彼女はそれをひっくり返すと中身をぞんぶんに味わった。近所の人たちはじきにそうしたことに慣れ、わたしも謝ることに慣れ、後始末をし、おいしいものをあげるからねとなだめて、彼女を連れて帰るのが常だった。ところが、ある日の夕暮れどき、彼女はゴミ箱よりずっとおいしそうな匂いが漂ってくることに気づいた。グリルで肉を焼く匂いだ。コーシャーは脱走し、海岸沿いに並ぶコテージの前を駆け抜け、匂いの源を突きとめた。

コーシャーが現れてから数分間の顚末は、被害者たる隣人から聞いた。そのとき彼は、ジントニックのグラスを手に、テラスで椅子に腰かけて、グリルで肉が焼ける音を聞きながら、海に沈む太陽の最後のきらめきに見とれていた。そのあたりの住人は皆そうだが、この男性もニューヨークもしくはボストンのお金持ちで、弁護士か実業家といったところだろうが、豚に関しては、ハムやポークチョップやスライスベーコン以外には、ほとんど経験がなかった。木の階段にひづめがあたる音に気づき、はっと夢想から目覚めてそちらに目をやると、ラブラトールレトリーバーほどもある、極端に脚の短いピンク色の動物が、ブヒブヒと鼻を鳴らせながら階段を上ってきた。

犬ではなかった。コーシャーはグリルの肉の匂いに引き寄せられてきたらしく、ついにその源を発見すると、グリルに襲いかかり、コマンド隊員並みのすばやさでステーキを奪取した。

その頃わたしは、餌を与えようと外に出て、彼女がいないことに気づいた。彼女の後を追い——近隣の人はそれぞれテラスにいて、コーシャーが海岸を北へ向かうのを目撃していた——犯行現場にたどり着いたが、その数分前にコーシャーは、生焼けのステーキをくわえて逃走していた。ありがたいことに、肉を盗まれた人は、ユーモアを解する人だったか、あるいはジントニックで上機嫌になっていたかで、笑い転げながら一部始終を語ってくれた。わたしは丁重に謝り、街へ行って代わりの肉を買ってくると申し出たが、隣人は、それには及ばない、このエピソードはどんなに高価なステーキより価値がある、と言った。脱走した豚を追うためにわたしがそこを辞したときも、彼はまだゲラゲラ笑っていた。

長く待たれていたバーベキューグリルへの復讐を彼女は果たしたのだ。もし豚の世界に親から子へと語り継ぐ英雄譚があるならば、彼女は傑出した英雄としてそれに名を残すだろう。コーシャー、豚のプロメテウスとして。

Ⅳ　ノースカロライナ州ローリー――ピットマスター・エド

もっとも、南部人に言わせれば、コーシャーが盗んだのはバーベキューではない。青空の下、直火で焼いたステーキを「バーベキュー」と呼ぶのは、真実を知らない北部人だけだ。とは言え、南部人の間でも、その定義がはっきりしているわけではない。実際のところ、バーベキューを定義しようとすれば、果てしない議論が始まるだろう。ただし、最低限の条件を絞るとしたら、肉と薪の煙、火、そして時間、ということになる。それ以外は州によって異なり、郡によってさえ違ってくる。今わたしはデスクの上に、「バーベキューのバルカン紛争」と銘打った地図を広げている。両カロライナ州におけるバーベキューの地域的な違いを示した地図だ。線を引いて、両州を五つの地域に分けている。例えば、この地域では豚を丸焼きにするが、あちらの地域では肩ロースだけ焼く。この線の東側では味つけに必ず酢を使う。西側はトマトベースのソース。南部および東部はマスタードベースのソース、といった具合だ。

しかもこの地図に記されているのは、両カロライナ州だけだ。テネシー州のリブや、テキサスのスモーキーなブリスケット——牛肉なので、カロライナ人はバーベキューと呼ばないが——は完全に無視されている。これらのバーベキュー国はどこも、よその習慣を邪道として忌み嫌っているのだ。お察しのとおり、ピットマスターたちはかなり辛辣で、少々褒めてけなすのが彼らの流儀だ。あるとき、テキサスのピットマスターに、仲間が焼いたブリスケットの出来を聞いたところ、彼はこう答えた。「かなりの出来だ。あんたが尻もちつくほどいいってわけじゃないがね」

これまでにわたしが出会った中で最も緩やかなバーベキューの定義は、こうした地域的な違いの橋渡しをするものだった。アラバマ州出身の黒人のピットマスター、アースキンによるものだが、その定義はソースという悩ましい問題をさらりと無視し、そうでありながら、バーベキューの神聖な性質をうまく捉えている。曰く、「バーベキューとは水をまったく介さない、火と煙と肉の神秘的な交わりである」（注6）。おそらく多くの南部人は、この大きな旗の下に集結するだろう。しかし、ほかのことについて、彼らは合意できるだろうか？　北部人であるわたしは、「バーベキュー」が料理の方法なのか、道具なのか、結果としての料理なのか、用いるソースのことなのかもあいまいで、いずれにせよ間違っていることだけは確かだ。ノースカロライナで長く過ごしたので、今では、「バーベキュー」が動詞ではなく名詞で、社会的行事と、そうした行事で準備され供される料理の両方を指す言葉だということはわかっている。

かつて経験した南部のバーベキューでは、わたしはただ傍観し、食べるだけだった。当然ながら、見るだけ、食べるだけでは、バーベキューの本質を理解することはできない。そういうわけでわたしははるばるノースカロライナまで来たのだった。バーベキューの秘訣を知るために。それもキッチンではなくバーベキューの現場で達人に教わって。見ているだけはもう嫌だ、自分でバーベキューをしたい、そう思ったのだ。

ノースカロライナに来る前に、バーベキューについて多少は知っているつもりだった。家でバーベキューをするときには、いつもわたしが仕切っていた。アメリカのおおかたの男性と同じで、わたしにとって庭先で肉を焼くことは、得意な家事のひとつだった。そしてやはりおおかたのアメリカの男性と同じで、わたしは単純なその仕事を、秘術か何かのようにもったいぶって行っていた。その様子があまりに大仰なので、妻のジュディスは、ステーキを直火で焼くのは車のタイミングベルトを交換するのと同じくらいたいへんな仕事だと思い込んでいる。

北部であれ南部であれ、バーベキューには蘊蓄（うんちく）がつきものだ。その点では、どんな料理もかなわない。確かな理由はわからないが、もしかすると、バーベキューは直火で焼くだけの単純な料理なので、料理人は、蘊蓄をたれて複雑で神秘的なムードを演出したくなるのではないだろうか。また、料理人がたいていヒーロー気取りの男性だということも影響しているのかもしれない。わたしはと言えば、肉の焼け具合の調べ方には自信がある。グリルの上の肉に指で触れ、その同じ指で顔のあちこちに触れ、頬と同じ感触なら焼け具合はレア、顎ならミディアム、額ならウェルダン、といった具合に判断する。テレビでこのテクニックを披露したシェフもいたし、実際、これは役に立つ。手頃な目安としてだけでなく、より重要なこととして、バーベキュー技術を神秘的に見せるのに役立っているのだ。ジュディスには、自分の顔でも同じようにできるとは思えないらしい。

これはうまい手だとわたしは思っていた。少なくとも、ある人から、女性が火の周りで黙っているのは男に少しでも料理を手伝わせるためだよ、と教わるまでは。

しかしスカイライト・インのバーベキュー・サンドウィッチは、わたしのバーベキューの定義が間違っていて、バーベキューには、わたしが知る以上に——つまり、熱いグリルに肉を載せ、しばらく経ってから、したり顔でそれをつつく、という以上に——多くの要素があることを教えてくれた。わたしに必要なのは、スーシェフ（総料理長を補佐するシェフ——バーベキューの世界でそれを何と呼ぶのかは知らないが）として、わたしを働かせてくれるピットマスターである。ジェイムズ・ハウエルは、師と仰ぐにはあまりにも寡黙で近寄りがたく、一方、ジョーンズは、わたしに調理棟で手を汚したり（ましてや、焼いたり）させたくないようだった。

偶然にも、探していたピットマスターが翌日、現れた。その日、わたしは、ノースカロライナのローリーで、「ザ・ピット」という名のレストランを営んでいるバーベキューの達人にインタビューすることになっていた。黒人で、名をエド・ミッチェルという。この人物については、ノースカロライナに来る前から多くのことを聞いていた。二〇〇三年にニューヨーク市で開かれた第一回ビッグアップル・バーベキュー・ブロック・パーティ（全米のバーベキュー店が集まるお祭り）

で、彼のホールホッグ・バーベキューは喝采を浴び、『ニューヨーク・タイムズ』紙の一面を飾ったのだ。今では全国的に有名になり、テレビ出演も多く、彼が語ったバーベキューの歴史は南部料理同盟などによって記録され、その概要は『グルメ』誌を含む全国版の雑誌に掲載されてきた。

だが、そうした記事のいずれも、本人の口から滔々と流れ出る宣伝文句にはかなわなかった。写真の彼はまさにバーベキューの歩く広告塔で、デニムのオーバーオールに野球帽をかぶり、大柄な黒人サンタクロースといったところだ。だが、わたしは一抹の不安を覚えていた。彼のレストランはワインを出し、駐車サービスもあり、レストランを紹介するブログのひとつでは「バーベキュー動物園」と罵られていたからだ。しかしわたしは、この週末、エドがローリーの「動物園」からかなり遠い故郷ウィルソンの、チャリティ・バーベキューで豚を一頭焼くことを知った。そこでエドに電話をかけて少しでも脈がありそうなら、助手を務めさせてほしい、と頼むことにした。

エド・ミッチェルは、史上初の広報担当マネジャーを持つピットマスターかもしれない。彼と接触するには、彼の店の五一パーセント分を所有するレストラン・グループ「エンパイア・イーツ」を通す必要があった。複雑な経緯があったことはすぐにわかった。二〇〇五年、エドは州税滞納で起訴され、銀行とノースカロライナ州を相手に法廷で闘った後、最初にウィルソンで開いたレストラン「ミッチェルズリブス・チキン&バーベキュー」を失った（会ったとき、彼はその件を「組織的妨害」と呼んでいた）。脱税の罪でしばらく収監され、レストランを銀行に取り上げられたのだ。釈放後、エドはグレッグ・ハテムから連絡を受けた。ハテムは若い不動産開発業者で、ローリーのさびれたダウンタウンの再生に取り組んでいた。ダウンタウンに人を呼び戻すには、魅力あるレストランを開くのがいちばんだとハテムは考えており、エドも、ありがたいチャンスだと喜んだ。なにしろアメリカ屈指のバーベキューの達人が、運に見放され、腕を振るう場を失っていたのだから。ハテムは店の権利を五一対四九の比率で所有し、共同経営することを提案した。「きみがピットとレストランを担当し、ぼくの部下が、きみが苦手とするビジネスを担当してはどうだろう。ザ・ピットは新しいタイプのバーベキュー・レストランにしよう。凝った照明とワインリストと駐車サービスのある高級店にしようじゃないか」

　バーベキュー業界の人なら頭をかしげるはずの提案であり、ネット上には「南部の最も偉大な黒人ピットマスターがバーベキュー動物園の檻に入れられた」という批判さえ書き込まれた。「エド・ミッチェルはバーベキュー界のカーネル・サンダースになった」とも言われた。バーベキューの正統さについては常に議論の的になってきたが、ザ・ピットはその限界に挑戦するかのようだった。しかしその疑わしいコンセプトが、うまくいったのは明らかだ。ザ・ピットは、ランチもディナーも大盛況で、バーベキュー・サンドウィッチの一〇ドルの壁をやすやすと乗り越えたのである（注7）。

　やっとエドに電話がつながった。これまでわたしが話を聞いたピットマスターの大半はそうだったが、彼もまた、栓が抜けたかのようにバーベキューへの賛辞を並べたてた。言葉がよどみなく飛び出した。ホールホッグ・バーベキューとその解釈に関して、彼は伝道師のようだった。二言三言話すたびに「本物」という言葉を口にした。ここノースカロライナではさんざん聞いてきたが、その言葉を聞くたびに、わたしの胸には収まりの悪い疑問が湧きあがった。それは、本物は何を根拠に自らを本物と認めるのか、という疑問である。

　バーベキューは文化遺産にでもなったのだろうか。エドは、北部のフードライターや文化論の学者、南部料理同盟に大々的に後押しされ、南部のバーベキュー文化の体現者になっているようだ。そう考えると、彼が自分のことを三人称で語るのも、納得できる（「そこからエド・ミッチェルの物語は天井知らずで昇りはじめたのさ」といった調子なのだ）。彼はザ・ピットを、自分の新たな「舞台」と見なしており、グレッグ・ハテムと協力してホールホッグ・バーベキューを高級にし、「正統性」を保ちながら「少々トレンディ」にした経緯を語ってくれた。ザ・ピットにはほかに総料理長がいるので、今ではエドは料理をするより、しゃべっているほうが多いようだ。

　彼は陽気で早口で、セールスマンか伝道師のように饒舌だった。それでも、根っから気のいい人物で、人々においしい料理を食べさせたいという熱い思いを抱いているのがよくわかった。彼が語る「本物」の土台には、まさに本物の情熱があることをわたしは感じとった。

わたしは、ウィルソンでのイベントについて尋ねた。レストランの宣伝担当者らから、参加するほどのものではないと聞かされていたからだ。実際、彼らが言うとおり退屈なのかもしれないが（「暑いですし、駐車場で時間を潰すことになりますよ」と言われた）、もしかすると、この店だけに注目してほしくてそう言ったのかもしれない。ともあれ、わたしにとってそのイベントは、絶好のチャンスだった。エドが故郷で弟オーブレーを助手にして、豚を二、三頭、自ら料理するというのだから。金曜の夜、いつものレストランで豚をピットにかけ、土曜には会場で、移動式のコンロで仕上げるという。手伝わせてもらえないだろうか、とわたしは彼に尋ねた。

「かまわないよ。来るといい、働いてもらうから。このエド・ミッチェルのホールホッグ・バーベキューを見てもらおうじゃないか」

金曜の午後、ザ・ピットに行くと、厨房にエドの姿はなかった。彼は食堂で、客に頼まれて写真に収まっているところで、これはおなじみの光景のようだった。エドはアメフトのラインバッカー並みの巨体で（実際、若い頃の彼はアメフトで奨学金を得て、州立のフェイエットビル大学に進学した）、熊のようにのそのそと動く。もっとも六三歳の今、ラインバッカーと呼ぶにはかなり腹が出ている。顔は丸く、墨のように真っ黒で、白い顎髭で縁取られている。トレードマークのデニムのオー

バーオールに野球帽といういでたちで、ひとしきり客の相手をした後、ウェイターに、わたしと並んだ写真を撮らせた。わたしたちは古くからの友人のように、肩を組んで写真に収まった。

ザ・ピットの配達用バンでウィルソンに向かう途中、わたしは彼から「エド・ミッチェル物語」を聞いた。わたしにとっては一種のデジャブ［既視体験］で、どのくだりにも覚えがあった。彼の来歴は、ノースカロライナに来る前に、読んだり聞いたりして熟知していたのだ。以下に記すのは、そうした情報（特に、南部料理同盟によるもの）と、直接彼から聞いた話をまとめたものだ。

将来バーベキューで生計を立てるようになるとは、彼は予想もしていなかった。三人兄弟の長男で、母ドレーサから料理をするようしつけられた。エドが幼い頃から母は外に働きに出ていた。最初はタバコ工場で、その後ウィルソン西部にあったタバコ会社の重役の大邸宅で使用人として働いた。「わたしは家にいて、弟たちのために料理を作った。ものすごく嫌だった。ものすごくね。料理なんて、男のするものじゃなかったからね。でも母のことは大好きだったし、母にそうしろと言われたんだ」

だがバーベキューは違った。それは、クリスマスなどの休日や、何かの行事で家族が集まるときに、男たちがする特別な料理だった。一四歳で初めて豚を焼いたとき、火のそばで家族の男たちと過ごすのがどれほど楽しかったかを、彼は今も覚えている。

「月の光は、バーベキューには欠かせなかった。家の中で酒を飲むことは許されていなかったから、夜通し外で豚を焼くのは、皆で酒を飲む絶好のチャンスだったんだ！」エドにとって、バーベキューの魅力は、できあがる料理よりむしろ、火のそばで過ごす時間やおしゃべりや、仲間意識にあった。彼にとって料理は、そうした儀式の副産物にすぎなかったのだ。

数年間フェイエットビル大学でアメフトに専念した後、ベトナム戦争で徴兵され、一年半ほど悲惨な経験をした。帰国して大学を卒業し、一九七二年にフォード社に就職、黒人などマイノリティのディーラーを育てるプログラムを担当した。ミシガン州で研修を受けた後、マサチューセッツ州ウォルサムに派遣され、一二年間カスタマーサービスの地域マネジャーとして活躍した。しかし、父ウィリーが病に倒れたため、両親を助けるためにウィルソンに戻った。

エドの両親はイーストサイドで食料品店を営んでいたが、一九九〇年に父が他界すると、店は傾いた。毎日エドは母親を店まで送り迎えしていた。ある日の午後、店をのぞくと母親はうなだれていた。理由を尋ねると「半日ここにいて、売り上げはたったの一七ドルだよ。それも一二ドルはフードスタンプ［生活保護受給者の食料配給券］さ」

「母を元気づけてやりたくて、何か食べたいものはないかと訊いたんだ。そしたらしばらく考えて、昔ながらのバーベキューが食べたい、と言った」そこで彼は、スーパーへ行って三二ポンド［一五キログラム弱］ほどの子豚と、風味を出すために、奮発して五ドル分のオーク材を買ってきた。納屋から古いバレルクッカー［ワイン樽を再利用した調理器具］を引っぱり出して豚を載せ、三時間ほどかけて焼いた。焼きあがった肉を切り刻み、母親が味つけして、店の裏でずいぶん遅い昼食をとった。

「バーベキューを食べていると、店に客が入ってきた。お目当てはホットドッグだったが、手桶に山盛りになったバーベキューを見て、『やあ、ミッチェルさん、ここじゃバーベキューも売ってるのかい？』と尋ねた。母はわたしの顔を見た。わたしは口がいっぱいでしゃべれなかったが、ありますよ、とうなずいた。母が金を必要としていたのはわかっていたので、この客にバーベキューを売ることにしたんだ。母はそれをサンドウィッチにして、客に持たせた」

夜になってエドが迎えにいくと、母親はやけに陽気で、父親が亡くなって以来、初めてじゃないかと思うほど幸せそうだった。どうしたの、とエドが尋ねると、「売り上げがよかったからね」と母親は答えた。「あのバーベキューが全部売れたのさ」どうやら最初の客が、誰かにバーベキューの話をしたらしい。その誰かがまたほかの誰かに話をして、噂は野火のように広まって、とうとうバーベキューが売り切れたのだ。

「母と店の戸締まりをしていると、知らない人がやってきた。『ミスター・ミッチェル？』そう訊かれて、強盗かと思った。そこで小さな声で、そうだが、あんたは誰だ、と尋ねると、『いや、バーベキューがまだあるかどうか聞きたくて』と言うんだよ。『今日は売り切れです。だが、明日になったらまた入るよ』こうしてエド・ミッチェルはバーベキューを始めた。きっと神様のお導きだったのさ。母親のために料理するという原点に戻ったんだ」

二、三か月後、彼は店を閉めてピットをいくつか造り、ウィルソンで引退生活を送っていたピットマスター、ジェイムズ・カービーに、作業の手伝いと、昔ながらの方法の伝授を請うた。「というのも、その頃には、昔ながらのバーベキューはどこにも残っていなかったんだ。誰もがガスコンロを使うようになり、すっかりすたれていた。だが、薪や炭で焼いたバーベキューと、ガスで焼いたバーベキューには、明らかな違いがある」とエド。カービーは、本物の火で焼く伝統的な方法を死守してきた人物で、エドにそのコツをいくつも伝授してくれた。「バンキング［炭の置き方］」もそのひとつだ。

大きな豚を初めてふたりで焼くことになったとき、エドは、夜通し火の番をする覚悟で、サンドウィッチとコーヒーを準備した。「ところがカービーは、豚を焼き網に載せると、さっさと戸口へ行って帽子をかぶったんだ。そこで、どこへ行くんだ、と尋ねた」

「すると『そうしたいなら、あんたはここに泊まりな。だが、おれは家に帰るよ』と彼は答えた。炭を豚の周りに正しくバンク［盛り上げる］して、風が入らないようにしておけば、炭を足さなくても豚は一晩中とろ火で焼ける、というんだ」

「そう聞いてわたしも家に戻ったが、結局一睡もできなかった。豚のせいで小屋が焼けてしまうんじゃないかと心配でね。だが、朝の四時に様子を見にいってびっくりしたよ。豚は見たこともないほど、みごとに焼けていたんだ。皮はほれぼれするような蜂蜜色で、肉はいい具合に焼け、くずれ落ちんばかりだった」カービーは炭の置き方だけでなく、豚の皮をぱりぱりに焼く方法も教えたのだった。

やがてミッチェルズリブス・チキン＆バーベキューは有名になった。インターステイト95［東海岸の高速道路」沿いの「ニューヨークとマイアミの中間地点」にある、人口五〇〇〇人の小さな町ウィルソンへ、全国的なフードライターから料理研究家までさまざまな人が、エドのバーベキューを目当てにやってくるようになった。注目を浴び、自分に対する第三者の評価を聞くうちに、彼は、自分と自分の仕事について、これまでとは違う見方をするようになった。ターニングポイントになったのは、二〇〇一年にデヴィッド・セセルスキという歴史家が聞き書きした『エド・ミッチェル物語』を読んだことだ。セセルスキはごくかいつまんで書いただけだったが、そこに描かれているのは確かにエドの人生であり、それを読んだエドは、自らの人生を新たな光の下で見るようになった。

「自分がやっていることの意味が当時はまだわかっていなかった──わたしにとっては、昔ながらのバーベキューを再現しただけのことで、人生のひとこまにすぎず、特別なことではなかったのだが、それを読んで、自分がアフリカ系アメリカ人の大きな歴史に貢献していることを悟ったんだ。とてもいい気分だったよ」

かくしてエドのバーベキューは自らの価値に目覚め、二〇〇二年にはさらにその意義を深めた。その年、南部料理同盟はバーベキューのシンポジウムを開き、彼をノースカロライナ州東部きってのホールホッグ・ピットマスターとして招聘したのだ。南部料理同盟は一九九九年に歴史家ジョン・T・エッジの下、ミシシッピ大学で誕生した。南部の歴史ある食生活を記録に残し、保存しようとする団体である。エッジによると、言いにくいことがあっても料理についてなら話しやすいので、南部にありがちな難しい問題を切りだすのに料理の話題は都合がいいそうだ。以前、エッジはわたしにこう言った。「料理は南部人が人種のジレンマに向き合う方法のひとつなのです」

シンポジウムは、一〇月にミシシッピ大学で開かれた。そのときの経験をエドは、「目が開かれるようだった」と語る。そこにはあらゆる地域から、あらゆる伝統を担うピットマスターが集結した。学者も記者もいたし、バーベキューの歴史、技術、地域的違いについての公開討論も行われた。「とてもいい勉強になったよ。これはノースカロライナ州ウィルソンだけのことじゃないとわかったんだ。自分では当たり前のことをやっていたつもりだったが、バーベキューについて全国的な動きが進んでいた。自分のしていることが大きな絵の一部だということ、つまり、バーベキューはアフリカ系アメリカ人による貢献であり、自分もその伝統に連なることを知ったんだ。とても刺激的だった。心から、この仕事に誇りを感じたよ」

南部料理同盟としては、バーベキューの歴史は、アフリカ系アメリカ人のアメリカ文化に対する貢献の歴史だとして話をまとめたかったのだが、問題は、南部のバーベキューの有名人の大半が、エイデンのジョーンズ一族のような白人になってしまったことだ。ジェイムズ・ハウエルのような黒人のピットマスターがいたとしても、裏方にすぎなかった。そんな中で、エドは例外だった。オーナーとして自分の店を切り盛りしていたのだ（少なくとも、当時はそうだった。トラブルが起きるまでは）。だからこそ、エドは南部料理同盟にとって重要であり、もちろん南部料理同盟はエドにとって重要だった。

シンポジウムでは、ピットマスターたちが料理を披露し、フードライターがそれを評価する。数年ほどの間に、料理のコンペティションはバーベキュー文化の重要な要素になっていたのだ。ところが、エドの機材を載せたトラックは、州北東部のテューペロで道を間違え、何時間も遅れて到着した。「ほかの人の道具は、そりゃあ立派だったね。屋根つきでぴかぴかなんだ。何十万ドルもつぎ込んだって人もいたよ。さて、エド・ミッチェルはどんな設備を持ち込むのかと、ライバルたちは待ちかまえていた。ようやく到着したのは、タイヤが一八輪もある大型トラックだ。何が出てくるかと誰もが固唾を呑んだ。ところが、トレーラーから出てきたのは、古ぼけたバレルクッカーが三つだけ。皆、大笑いさ」

「だが、わたしにはそれで十分だった。さっそく豚を焼いた。取りかかりがずいぶん遅れたから、いつもより短い時間で焼き、焼きあがったら切り刻んで、味つけした。皮はもう一度焼いて、ぱりぱりにしてから、うんと細かく切り刻んで混ぜ込んだ。で、どうなったと思う？　うちのを一口食べると、誰もが称賛の声を上げ、それを聞いてほかの人もこちらへ走ってきた。押し寄せて来たってわけだ。こんなにうまいバーベキューは食べたことがないと皆が思ったのさ。道具はみすぼらしいが、味は最高だと知ったんだよ」

「そこから、エド・ミッチェルの物語は天井知らずで昇りはじめたのさ」。ミシシッピ大学のシンポジウムを去るとき、彼は、アメリカでいちばん有名なピットマスターになっていた。

それまでエドはジョーンズ一家と同じように、日常の食事として豚を焼いていた。だが、そのシンポジウムを機に彼は、豚の出所が問われる世界へと進んでいった。シンポジウムで出会ったフードライター、ピーター・カミンスキーは、豚の種類を研究していた――その成果は数年後に著書『Pig Perfect（完璧な豚）』に結実する。ブルックリン出身のカミンスキーは、あなたのバーベキューには本物とは呼べない部分がある、とエドに言った。

「カミンスキーは、うちの店のバーベキューには、本物と呼ぶのに必要な三大要素――伝統的な焼き方、黒人オーナーの施設、昔ながらの豚――のひとつが欠けていると言うんだ」カミンスキーは、放牧されて育った昔ながらの豚をエドが料理できるよう、手はずを整えてくれた。「ひと口食べたとたん、とりこになったよ。子どもの頃に食べたのと同じで、甘くて、肉汁がたっぷりあって、味つけなしでも実においしかった」

カミンスキーはエドに、グリーンズボロにあるノースカロライナA&T州立大学の研究者グループを紹介した。彼らは、元タバコ農家の黒人たちを指揮して、昔ながらの豚の復活に取り組んでいた。放牧し、ホルモン剤や抗生剤を与えず、思いやりをもって育て、昔の品種を復活させようというのである。現行の狭い檻での飼育形態に心を痛めていたエドは、この「新しく古い豚」

の育成をノースカロライナで後援することにした。そこでジョン・T・エッジの協力を得てミシシッピ大学があるオックスフォードでイベントを開き、工業生産された豚と放牧された豚のバーベキューの食べ比べをした。エドは、昔ながらの豚を自分の店が売るようになれば、他の店も扱うようになり、ノースカロライナ州の小規模農家を援助できるのではないかと考えていた。タバコ産業の衰退に伴って、それらの農家は赤字ぎりぎりの経営状態に陥っていたのだ。

「ピーター（カミンスキー）が導いてくれたんだ」とエドは言う。料理が縁をつないで、ブルックリン出身のユダヤ人のライターが、本物の南部バーベキュー復活に一役買うことになったのだ。今やエドはプロジェクトの指導的立場にあり、その件に関して彼の言葉はとどまるところを知らなかった。「つまりバーベキューというのは、相互に頼れる共同体を作ることなんだ。豚を飼育する農家や、処理を頼む小さな食肉工場まで含めてね。持ちつ持たれつという考えをわたしたちは忘れていた」

話が食肉工場に及んだのは、エドとわたしを乗せたバンが高速道路をシムズで降り、下請けの食肉工場ジョージ・フラワーズ・スローターハウスに豚を引き取りに向かっていたからだ。近づくと、フラワー氏が表の木の下に腰かけてタバコを吸っているのが見えた。深い皺の刻まれた白人の老人で、見たこともない奇抜な髭を蓄えていた。髭と呼んでいいかどうかもわからない。そのぐらい、その様子は変わっていた。マトンチョップ型の豊かな頬髭は、かつては白かったが今ではタバコの煙で黄色っぽくなり、同じように黄色くなった胸毛と融合しているのだ。じろじろ見たくはなかったが、彼の髭と胸毛は一体化し、人間の装飾の大胆な進化を示していた。

フラワーズ氏はうれしそうにエドを迎え、最近、彼が出演したテレビ番組のことでからかった。フード・ネットワーク［食をテーマとしたテレビ局］のその番組で、エドは有名な料理人ボビー・フレイを完璧に打ち負かしたのだ（ノースカロライナ州東部の奥地までこの対決のニュースが浸透していることにわたしは驚いた）。しばらくして、フラワーズ氏は作業場に案内してくれた。駐車場つきガソリンスタンドくらいの広さだった。積み荷場には看板があり、料金と処理メニューが書かれている。鹿の解体一〇〇ドル、牛の解体一五〇ドル、バーベキュー用豚の切り分け一八ドル。中ではフラワーズ氏の息子たちが清掃をしていた。その日の作業は終わり、床に溜まった血を排水溝にデッキブラシで押し流していた。豚、羊、牛など、さまざまな家畜の切断された頭が、扉近くの樽の中に積み上げられている。フラワーズ氏の息子たちは、さばいた豚を肩にかけ、外に運び出して、バンの荷台にひょいと投げた。

料理はどの段階から始まるのだろう？　これはいつもわたしを悩ませる問題だ。冷蔵庫から材料を出して包丁で切りはじめたときだろうか？　それとも、材料を買いだしにいくときだろうか？　あるいは、さらにさかのぼって、家畜が飼育され、食肉工場で息を止められる時点だろうか？　古代ギリシャでは、料理人と肉屋と食肉処理者の呼び方は同じ——マゲイロス——だった。それぞれ同じ儀式の一段階だからだ。エドはまぎれもなく、自分の料理は農場から始まると判断したのである。バーベキューを真の本物にするには、少なくとも味つけやソースと同程度には、豚にも注意を向けなければならないのである。

V ノースカロライナ州ウィルソン――バーベキュー職人修業

ウィルソンの黒人地区、シングルタリー通りと301ハイウェイ・サウスが交わる角にある、元・ミッチェルズリブス・チキン&バーベキュー（注8）の裏口に着くと、エドの弟オーブレーがいらいらしながら待っていた。「オーブレーはいつも早く来るんだ」とエド。「でも、あいつにしてみれば、それが時間ぴったりなのさ」（翌朝、わたしはそれを再確認した。オーブレーはわたしを迎えにホリデイ・インまで来てくれたが、六時と約束したのに、五時からロビーでうろついていた）。オーブレーは情熱的で、エドより一〇歳くらい若く、体つきはがっしりしていて、胸で光るゴールドの十字架がいっそう大きく見える。エドは弟を、かけがえのない相棒だと言って紹介した。「黒幕、つまり副社長さ。NBAで言うなら、伝説のオールラウンダー、スコッティ・ピッペンみたいなもんだ」（ということは、エドは、ピッペンにいつも支えられていた超人的シューター、マイケル・ジョーダンというわけだ）。聞き飽きた賛辞であったらしく、オーブレーはさらりと受け流した。

エドの指示で、オーブレーとわたしは開いた豚を大きなバットに載せ、担架を運ぶようにして厨房に運んだ。シンクは、さばいた豚をそのまま置けるほどの長さがあり、わたしたちはその中で豚を洗いはじめた。はがれた脂肪を切りとったり、血を取り除いたりもした（「その血を食べてはならない、と聖書にも書かれているね」とエドは言う。血は動物の魂であり、魂は神様のものだから、というのがその教えだ）。豚は半身がおよそ三五キロもあり、ずっしりと手にこたえる。濡れると滑って、なおさら持ちにくかった。洗い終えた豚をシンクから出そうとしたとき、手が滑って、床に落とした。やれやれ、最初からやり直しだ。バーベキュー職人としての初仕事は、こうして不面目な結果に終わった。

レンガ造りの四台のピットが厨房の長い壁面をふさいでいた。エイデンのピットに似ているが、こちらにはステンレス製の蓋と、最新式の換気装置がある。エドはこの厨房の設計に自信を持っていた。十分な換気システムとスプリンクラーを組み込んだので、薪によるバーベキュー・ピットを、安全かつ合法的にレストランの厨房に設置できたのだ。ノースカロライナ州初の快挙だと彼は言った。

彼は次々に指示を出し、快くわたしを働かせてくれた。わたしにピットマスターとしての才能があると思ったのか、あるいは、重い物を持ち上げる人間が現れてうれしかっただけなのかはわからないが。シャベルでピットの火床から灰を取り除くようにと言われた。おそらく二〇〇四年に閉店する前にエドが焼いたバーベキューの灰だろう。次の指示を聞いて、わたしは驚き、がっかりした。それぞれのピットの中央に、二〇ポンドのチャコールを二袋、空けろと言うのだ。エドがキングスフォードのチャコールで豚を焼くなんて！　おがくずと何かを固めて作った小さな豆炭の、どこが正統だというのだろう？　エドは、キングスフォードはゆっくり燃えるので「夜はほったらかしにして寝ていても大丈夫だ」と言う。だが風味はどうするのだ！　薪の煙は！

「今にわかるさ」と彼は言った。

わたしがピットの真ん中にチャコールを盛ると、オーブレーが着火剤を振りかけ、染み込むのを待ってマッチを投げ入れた。ぱっと炎が燃えたった。それは、わたしが探し求めていた原始の火ではなかった。むしろ、子ども時代に裏庭でやったバーベキューに近かった。便利さのためであれ、コストのためであれ、誰でもその人なりに妥協しているようだが、他人の妥協は、忌わしく思えるものだ。ジョーンズ一家とエドは互いを認め合っていたが、ジョーンズ一家はエドのチャコールを情けない堕落だと考え、一方エドは、ジョーンズ一家が工場産の豚を使うことを、同じように見下していた（「ジョーンズのバーベキューはせいぜい八〇点だ」とエドは言った）。

チャコールに火が回るのを待つ間に、エドが建物を案内してくれた。現在、その一角を女性が借りてカフェテリアを営んでいる。建物は、エドの両親が営んでいた食料品店を少しずつ建て増しして広げていったので、いくつも部屋があり、あきれるほどごちゃごちゃしていた。軽量コンクリートブロックの複合施設になった建物の中央部で、元の食料品店は窓のない小さな心臓部という感じで生き残っていた。エドは自慢げに二階のレクチャーホールを見せてくれた。彼はそこでピットマスターを目指す人のために、バーベキュー学校を開こうとしていたのだ。ほかにも、エドやオーブレーがバーベキューを切り刻んでいるのを見ながら一杯飲める「ピッグ・バー」や、壁一面に南部史におけるバーベキューの役割が描かれた食堂もあった。壁画は長さが一五メートル以上あり、厨房で皿洗いをしていた自閉症（autistic man）の男性が、数年の歳月をかけて描いた、フォークアートの傑作だった（エドが「画家」［artistic man］と言っているのではないと理解するのに少々時間がかかった）。「彼は一〇ドルで描くと言ったんだよ」とエドは打ち明けた。「だがそれじゃあ安すぎるだろう？　だから二〇ドルやって、ペンキもこっちで用意したんだ」

絵に近づき、ひとつひとつの場面をじっくりと見た。そこにはタバコ栽培の副産物として始まったバーベキューの様子が描かれていた。テーマはコミュニティの協力だ。タバコの葉を積んだ荷車、大きな葉を刈る男たち、それを竿にかけ、男たちに手渡す女たち。小屋では木を焼いて、竿から吊り下げたタバコの葉を燻している。男たちは戸外で豚を殺し、木に吊るす。女たちはソーセージを作り、豚脂から石けんを作る。男たちがバーベキュー・ピットを掘っている。ピットは掘ったばかりの墓穴のようだ。そして、月明かりの下での回し飲み。その先はいよいよクライマックス。白い大邸宅の広い芝生で、大きなオークの木陰にとても長いテーブルが置かれ、収穫を祝う宴が開かれている。

「テーブルについた人々の顔を見るといい。黒人と白人が一緒に座っているだろう。当時、そんなふうにするのはバーベキューのときだけだった。お互いを必要とし、皆それをわかっていた。

宴が終わると、別々の生活に戻るとしても。綿花の収穫でもタバコの植えつけでも、皆が一緒に働き、バーベキューをやって祝ったんだ」

エドは、子ども時代のことのように、タバコの収穫について語った。だが、エドが感慨深げに語るその世界は、彼が子どもだった頃にはすでに昔話になっていた（エドの両親は一九四六年、彼が誕生した年にその土地を離れた）。だが実際に経験していなくても、こうした記憶が人生を決めることがある。この壁画は、バーベキューに関してエドが最も意義深いと考えるものを強調しているそうだ。それは、バーベキューによって、人々が共同体として結束し、一時的ではあっても人種の壁を超えたことだ。エドに関して言えば、今もそれは真実である。

「動物を丸一頭焼くってことには、人を幸せにする何かがある。特別な機会、祝いの席にはつきものので、失敗はありえない。バーベキューは人を結びつける。昔も、この先もずっとそうだ。六〇年代の人種差別撤廃運動でもめていたときでさえ、バーベキューはその緊張をやわらげた。バーベキューをやっているときには、自分が何者かなんてことは関係ないんだ」

「わたしの経験では、人種を超える力を持つものは二つしかない。ベトナム戦争とバーベキューだ。バーベキューほど力のある料理はない。理由は訊かないでくれ、うまく説明できないから」

建物を案内するうちに、エドは憂鬱になってきたようだ。おおかたの部屋は劣化が進んでいた。わたしはエドに、ミッチェルズリブス・チキン＆バーベキューを失った経緯を尋ねた。

証拠があるわけではないが、養豚業についての自分の無遠慮な発言が、災厄を招いたのだとエドは確信していた。

「二〇〇四年に、ここウィルソンで記者会見を開いた。ジョン・T・エッジも一緒だった。農家と共同のA&Tプロジェクトと、自然放牧豚をバーベキューに復活させるというわたしの計画を発表したんだ。それだけのことだが、見知らぬ男がふたり立ち上がって、偉そうにこう尋ねた。『何を始めたんだ』と」

「いや、まだ何も始めちゃいない」

「始めてるじゃないか。あんたはうちの製品を買わないようにと触れ回っている。迷惑だな」

こうしてエドが「組織的妨害」と呼ぶものが始まった。記者会見の二、三週間後、州はエドの店の帳簿の調査に乗り出し、それはすぐ捜査に切り替わった。続いて銀行が、何の前触れもなく差し押さえを通告してきた。まもなくエドは横領罪で起訴された。確かに、彼は税金や銀行への支払いを滞納したかもしれないが、措置のスピードと厳しさは尋常ではなかった。

「記者会見からひと月経たないうちに横領罪で起訴され、店をたたんだ。この騒ぎはテレビと新聞で広く報道された。エド・ミッチェルの評判を台無しにしようとする組織的な動きだったに違いない。なぜならわたしは、自然放牧豚のスポークスマンとしてうまくやれそうだったからだ」

エドは、ノースカロライナ州屈指の産業である養豚業にとって脅威となり、この州が誇りとするホールホッグ・バーベキューの伝統に、正統性の問題という不快な問いを投げかけたのだ。

しかし本当にそうだったのだろうか？　ノースカロライナ州ローリーでわたしが話を聞いた人

の中には、エドの説明は嘘で、経営の失敗が原因だと言う人もいたし、よくわからないと言う人もいた。一方、ジョン・T・エッジは、すべてエドの言う通りだ、と語る。「ノースカロライナにひとりの黒人がいて、州で最高のバーベキューを作っていると自慢し、商業的な養豚に代わる方法を推進しようとしている。この州には、その高慢ちきな黒人の鼻っぱしらを折ってやりたいと思う人間がいたはずだ」

この事件の後、エドは商業養豚に対する語気を弱め、農業関連産業（アグリビジネス）の諸悪よりも、「料理人ならではの味」について語るようになった。ただ、エドの正当性は一部認められた。銀行による差し押さえを「不当」とする判決が出たのだ。だが、時すでに遅しで、エドのためにはならなかった。ミッチェルズリブス・チキン＆バーベキューはもはや存在しない。おそらくエドは、バーベキューは必ず人を結束させるという素晴らしい公式の例外になったのだろう。

厨房に戻ると、チャコールは赤々と燃え、うっすらと白い灰に包まれていた。エドはわたしにまたシャベルを手渡し、チャコールの盛り方を説明した。チャコールは、豚の輪郭に沿って、幅一五センチほどの帯状に盛っていく。トップとボトム、つまり肩と尻は別で、強い火力が必要なので、多めに、幅三〇センチほど積む。エドは、ヴィネガーに浸しておいたオークの薪をチャコールの上に置いた。その一本で、燻すには十分な煙が出るのだ。オーブレーとわたしは大きな火格子を両側から抱えて持ち上げ、ピットの上に置き、その上に切り開いた豚を皮を上にして載せた。翌朝にはひっくり返す予定だ。蓋をおろそうとすると、エドがそれを止めた。

「ここでいつもわたしは手を止め、豚に敬意を示すことにしている。彼らは人間が食べられるように究極の犠牲を払ってくれたのだ。少なくともそのことに感謝しないと」そう言うと彼は、順に、豚のももを軽く叩いて回った。アスリートが愛情込めて互いの尻を叩くように。それからステンレス製の蓋を閉め、通気口をふさいだ。これでその日の仕事はすべて終わった。

話をしている間、エドはバーベキューの難しさと秘訣について何度も触れた。「企業秘密」だと意味ありげに言ったこともあったが、おおかたは、そんなものはないという話しぶりだった。例えばこんな感じだ。「難しい仕事だが、おいしいバーベキューを作るのはちっとも難しくない」。おそらくそう言えること自体が深遠な謎なのだろう。

翌朝七時、わたしたち三人は、再び厨房に集合した。何かが違ったことが、すぐにわかった。着火剤の嫌な匂いは消え、ローストした肉の魅惑的な匂いが漂っていた。ステンレスの蓋の下で、素晴らしい変化が起きていた。蓋をひとつ上げて、わたしは驚嘆した。だらんとした白い屠体であったものがずいぶん小さくなり、深く豊かな色を帯び、引き締まった筋肉を思わせる豚の片身になっていたのだ。皮はつややかな、濃い紅茶の色になっている。皮の感触は変わらないが、肉には、焼けた肉らしい弾力があった。まだできあがってはいないが、味見をしたくてたまらなかっ

た。

夜のうちにいったい何が起きて、締まりも芳香もない豚肉が、匂いも外見もおいしそうな肉に変わったのだろう。チャコールと一本のオーク薪がどうやって、とうてい食べる気になれそうもない豚の死体を、待ちきれないほど食べたいものに変えたのだろう？

実際のところ、夜のうちに多くの物理的・化学的変化が起きていた。熱が肉の水分を蒸発させ、その組織を変え、風味を凝縮した。また、皮のすぐ下の厚い脂肪をかなり溶かした。溶けた脂肪の一部は燃えるチャコールに滴り、煙になって肉の表面に複雑な風味の層をまとわせた。しかし、かなり低温で焼いたので、背脂の多くは肉の中に染み込み、本来はそれほど風味のない赤身部分に、豊かな味わいを加えた。赤身の繊維自体、変化していた。熱が結合組織のコラーゲンを溶かしてゼラチン化したため、柔らかくなり、しっとりとしたのだ。

化学的に見れば、火は単純なものを複雑なものに変化させた。風味の研究者によると、肉のタンパク質、糖質、脂質に煙と火を加えると、三千から四千種の新たな化合物が生まれるそうだ。糖とアミノ酸の単純な分子から、しばしば芳香を伴う複雑な分子が作られる。「名前がわかっている化合物だけでそのくらいあり、特定できていないものはさらに何百も存在する」とのこと。つまり料理は、食材を破壊するところから始まるが、実際には単純な分子構造を、複雑な分子構造へと変えていくのである。

こうした変化にはいくつもの化学反応が関与しているが、いちばん重要なのは、一九一二年にフランスの医師、ルイ＝カミーユ・メヤールが突きとめた反応だ。メヤールは、アミノ酸と糖を加熱すると、何百もの新たな分子が生まれ、それらが料理に独特な色と香りをもたらすことを発見した。メイラード反応［メイラードはメヤールの英語読み］と名づけられたそれは、煎ったコーヒー豆、パンの皮、チョコレート、ビール、醤油、ソテーした肉などの風味の根源であり、限られた種類のアミノ酸と糖から、複雑で多様な分子とおいしさを生み出している。

夜通し焼いた豚に起きた、もうひとつの重要な反応は、キャラメル化である。無香のショ糖を茶色になるまで加熱すると、一〇〇種以上の化合物が生まれる。キャラメル、ローストナッツ、酒、ヴィネガーなどの風味はこの反応によるものだ。

メイラード反応とキャラメル化によって、非常に豊かな香りと味が生まれる。ここで疑問が生じる。なぜわたしたちは、生肉の単純な風味より、これらの作用がもたらす複雑な風味を好むのだろう。リチャード・ランガムなら、進化によって、料理した食べ物の複雑な味を好む人間が選択された、つまり、それをより多く食べた人がより多くの子孫を残したのだと説明するだろう。フード・サイエンス・ライターのハロルド・マギーは、一九九〇年の著書『The Curious Cook（興味深い料理）』において、興味をそそる仮説を述べている。マギーによると、この二つの褐変反応によって生み出される芳香性物質は、植物界に見られる化合物——ナッツ、根菜、野菜、花、果実などの風味のもと——に似ているか、同じなのだそうだ。つまり、糖をキャラメル化させると、熟した果実に含まれるものと同じ化合物が生まれるのである。しかし、焼いた肉の中に植物の成分が生じるのは、何とも不思議なことだ。

「動物と野菜や果物、火を通したものと生のものに、同じ成分が見られるのは、驚くべき偶然と言えるだろう」とマギーは書いており、確かにそのとおりだ。だが、これらの独特な香りが食欲をそそることについては、人間は料理を覚える前から、食べられる植物を通じてそれらとなじんできたからだと考えれば、辻褄が合う。まだ料理をしていなかった世界では、そのような芳香性物質は、動物と植物をつなぐコミュニケーションの主な手段だった。芳香と風味は、おいしい植物とそうでないものを教えてくれるので、当然ながら人間はそれに注意を払うようになったのだ。

植物は必要に迫られて生化学を習得した。動くことのできない彼らは、芳香性の成分を作る能力を進化させたのだ。植物にとってそれらは、動物の移動能力、声、意識に等しい力を持っている。そうした成分によって植物は、害を及ぼす動物を威嚇・撃退し、助けになる動物――花粉を媒介する昆虫や、種子を遠くまで運んでくれる哺乳類や鳥類――を魅了してきた。例えば、種子が実り、輸送にちょうどよくなれば、植物は熟した果実の強い芳香と味によって哺乳類を集める。人間がそうした植物の分子言語（すなわち、芳香や味）に敏感になったのは、それらがエネルギーや、ビタミンCなど必要な化学物質の所在を教えてくれるからだ。動物は皆、植物が作り出す情報豊かな化学的環境の中で生きていく方法を習得する。人間にとっても、農業が出現し、限られた栽培植物を食べるようになるまで、植物の分子言語に堪能であることは重要だったはずだ。とはいえ、今でもわたしたちは何百種もの植物を食べており、味覚と嗅覚を頼りに、複雑な食物の世界を探求しているのだ。

そういうわけで、植物界の分子言語（とりわけ熟した果物の豊かな言葉）によく似た芳香や味わいを偶然生成する料理は、人間を大いに刺激するのだ。それらはわたしたちに農業以前の時代を思い出させる。その頃、人間の食事はもっと多様で、当然ながらもっと刺激的で健康的だった。「こうした匂いに対するわたしたちの強い反応は、はるか昔の動物に起源があるのではないだろうか？　動物はそれらによって経験を思い出し、経験から学ぶのだ」とマギーは言う。そうした芳香や味が人間を刺激するのは偶然ではない。料理した食べ物は実にプルースト的で、五感を喚起し、わたしたちを現在から過去へ引き戻す、とマギーは語る。自分自身の過去だけでなく、おそらくは人類の過去へと。「コーヒーを一口すすり、あるいは香ばしく焼けた肉の皮をかじると、わたしたちは花と葉、果実と土を感じる。そのとき、動物と植物の間で長く交わされてきた会話が再現されるのだ」。わたしたちは雑食性であり、健康を保つにはさまざまなものを食べる必要がある。それは、多種多様な食べ物の香りと風味、すなわち生化学的多様性にさらされることを意味する。

その多様性こそが、料理した食べ物にわたしたちが惹かれる根本的な理由なのかもしれない。詩や音楽や美術についてもそうだが、人間は複雑さと比喩に惹かれる傾向があるようだ。そして、肉を火で焼いたり、果実や穀物を発酵させたりすれば、その両方が得られる。つまり純粋な知覚情報と、「今」「ここ」を超越させるメタファーが得られるのだ。この知覚のメタファーは、料理によって得られる最も価値あるもののひとつだ。ぱりぱりの豚の皮は、さまざまな風味がぎっしり詰まった魅惑的な詩を吟じはじめる。コーヒーとチョコレート、スモークの香りとスコッチウィスキーと熟れすぎた果実、それにわたしが子どもの頃大好きだった、メープルシロップをかけたベーコンの、甘くしょっぱく樹木の香りのする味わい。そのほか多くのものについても、わたしたちは食べ物を多元的に捉えるのが好きなようだ。

目の前の豚に話を戻せば、それはまだ完成していなかった。今回のイベントは、ダウンタウンの古い劇場を再建する資金集めが目的で、バーベキューは劇場近くの駐車場で行われる。この豚もそこで仕上げる予定になっていた。オーブレーとわたしは、豚を大型の保温器に入れ（豚は水分がかなり蒸発し、脂も溶け出したため、ずいぶん軽くなっていた）、外に運んでトラックの荷台に載せた。荷台には、大型クッカーが三台、チェーンで固定してあった。ミシシッピ州オックスフォードで、ピットマスターたちから冷笑されたクッカーと同じタイプで、鋼鉄製の二七五ガロンタンクを半分に切断し、蝶番をつけただけのものだ。てっぺんから短い煙突が突き出ている。一方の端に、車輪がふたつついた車軸が溶接され、もう一方には、連結金具（トレーラーヒッチ）がついていて、車で牽引できるようになっている。

ウィルソンの商業地区は、こぎれいな街路が碁盤目状に走り、修復されたボザール様式［ヨーロッパ風の古典的様式］の建物が目を引く。これらの石灰岩造りの銀行やオフィスビルは、この町が隆盛をきわめていた二〇世紀初頭の数十年間に建てられたものだ。一時は地域でいちばんのタバコ市場だったが、現在は活気があるとは言えず、少なくとも土曜日は閑散としており、わたしたちのバーベキューは誰のじゃまにもならなかった。大きな白いテントが空っぽの駐車場に設営されていた。わたしたちはその片端にクッカーを設置した。

驚いたことに、クッカーにはプロパンガスのボンベが接続されていた。エドはクッカーに火をつけ、豚を載せると仕上げに取りかかった。どういうわけかプロパンガスは一夜のうちに、「バーベキューの堕落」から「便利なもの」に変貌したらしい。そのことをエドに尋ねると、ガスは豚を焼くためではなく、温めるために使うだけだ、と弁解がましく言った。

できあがりまでにまだ数時間あったが、大きなクッカーが並び、おいしそうな匂いが漂いはじめると、どこからともなく人が集まってきた。煙を吐くクッカーとビッグ・エドを見ただけで、ウィルソンの人々は上機嫌になるらしい。今日は土曜、これからバーベキューが始まるのだ。

バーベキューはランチとディナーの二回に分けて焼きあげることになっていた。コールスローサラダ、ロールパン、甘い紅茶がついて一五ドルだ。正午までに二〇〇人前後が、最初の焼きあがりを待って並んでいた。客の数は増える一方だ。オーブレーとわたしはクッカーを開き、黒く重い防火手袋をはめて、豚を取り出し、まな板の上に載せた。エドは回りに集まってきた人々とのおしゃべりに興じていた。わたしたちはこれから、大勢の人の前で料理をするのだ。

　オーブレーはわたしに肉の前半分をまかせ、自分は裏方仕事に回った。最初の仕事は、肉を皮からはずすことで、皮はクッカーに戻してぱりぱりになるまで焼く。分厚い手袋をはめているので、大ざっぱな仕事しかできない。肉の大きな塊を骨や肩甲骨からはずし、たくさんある軟骨を取り除き、肋骨をとり、内蔵やじゃまなものを取り出した。手袋をはめていても、蒸気を立てる肉は非常に熱く、時おり手を止め、手袋をはずして手を冷やさなければならなかった。幸い肉は簡単に骨からはずれ、ほどなくして、もも、腰、肩、腹など、さまざまな部位の肉の山ができた。

　次はオーブレーの出番だ。彼は両手に一丁ずつ大きな肉切り包丁を握り、肉を切り刻みはじめた。トントンとまな板を叩く音に惹かれて、さらに多くの人が集まってきた。オーブレーはわたしに指示を出し、肉の山がぱさついているようなら脂身の多い肩ロースやバラ肉を、脂が多いようなら、もも肉や腰肉を混ぜさせた。それが終わると今度は味つけだ。オーブレーが手袋をはめた手で肉を混ぜつづけ、はたからわたしが調味料を加えていった。アップルサイダー・ヴィネガーをおよそ四リットル、砂糖を手づかみで数回、それに塩、レッドペッパー、黒コショウ。ヴィネガー以外は、エドから教わったとおり、手首のスナップを利かせて、種まきをするように全体にむらなく振りかけた。オーブレーはそれらを肉の中に練り込み、肉の塊を押したり返したりして味をなじませた。十分練ったところで、彼はこちらを見てうなずき、味見するよう促した。食べてみたが、味に締まりがなく、ヴィネガーがもう少し必要だった。さらに一リットルほどヴィネガーを加え、レッドペッパーをもうひとつかみ入れた。エドはスパイスの効いたバーベキューが好きなので、多めでも大丈夫だろうと思ったからだ。これがうまくいった。

続いてエドから皮をぱりぱりにする方法を教わった。皮の表はこんがりと褐色に焼けていたが、内側はまだ柔らかく、脂肪がついていた。わたしはその内側に塩を振りかけ、グリルに載せた。エドは火を強火にして、「しょっちゅうひっくり返していないと、焦げちまうぞ」と言った。「しなわなくなって、気泡が出てきたらできあがりだ」。わたしは長いトングでその大きな皮を何度もひっくり返した。かなり時間がかかり、この日の暑さもさることながら、クッカーの蓋を開けるたびに煉獄の炎のごとくわたしの顔を直撃する熱は、ますます過酷になっていた。そうこうするうち、突然、皮は柔軟さを失い、ガラスのようになった。ぱりぱりの皮、クラックリングのできあがりだ！

わたしは皮をまな板に載せ、しばらく冷ましてから刻みはじめた。周囲には、押し寄せんばかりに客が集まっていた。誰もがクラックリングのおいしさをよく知っていて、できあがりが待ちきれないようだった。「その皮、ちょっともらえない？」と何回も聞かれた。刻み終えるまでに一〇〇回は聞かれたように思う。「もうすぐだから。なくなりはしないから、少し待ってください」。皮は、包丁をちょっとあてただけで粉々に砕けた。わたしはその小さなかけらを手づかみにして、肉に加えた。また違う味が加わった。完璧だ！　バーベキューは完成したと、オーブレーも認めた。

わたしは汗だくで、額から肉に汗が落ちないようにするのに苦心した。だが、作業は楽しく、アドレナリンがほとばしった。客たちは、エドだけではなくわたしたち三人を、ロックスターを見るような目で見つめている。もっとも、彼らが愛しているのはバーベキューで、わたしたちはそのバーベキュー（と、貴重な皮）を持っていて、彼らに与えられる立場にいるというだけのことなのだ。火と獣、獣と獣を食べる人をつなぐ人間が、ある種の原始的な力を身につけたのだ。人類の歴史では数限りなく繰り返されてきたことだが、それをわたしは実感し、かなりいい気分を味わった。

前の晩わたしはホリデイ・インの部屋で、フランス人とベルギー人の古典学者が記した『The Cuisine of Sacrifice Among the Greeks（古代ギリシャの神々への捧げ物）』という本を読んだ。その本に「バーベキュー」という言葉は出てこなかったが、古代ギリシャにおける、神に捧げるごちそうの役割について読めば読むほど、エドが「バーベキューの力」と呼ぶものの意味がわかってくるように思えた。そしてわたしは、今日でもバーベキューから立ちのぼる煙には、かすかではあっても神への捧げものとしての意味あいが残っていると確信するに至った。

　ほかの人はどうかわからないが、わたしはホメロスの『オデュッセイア』の食事に関する場面はいつも読みとばしていた。なぜそれに関する描写が多いのか、どうでもいいようなことをなぜホメロスはこまごまと書いたのか、と考えることさえなかった。肉をさばくプロセス（動物をさばき、肉片に分け）、火の使用（炎が消えるとパトロクルスは赤い炭を広げて焼き串を載せた）、分配（アキレスは肉を切り分けた）、テーブルマナー（オデュッセウスは高貴な客と向き合って……神々への捧げ物について語った）等々。しかし『古代ギリシャの神々への捧げ物』によると、ホメロスがこうした儀式的な食事について長々と描写したのには、ちゃんとした理由があるそうだ。料理した肉を分けることは、古代ギリシャでは社会的な行為と見なされていた。それは、古代ギリシャ以前、あるいはそれ以降の、多くの文化においても同じである。そして、それを正しく行うのはかなり難しいことでもあった。儀式での捧げ物には、精神的意義のほかに、バーベキューをしたことのある人にはおなじみの、以下の三つの世俗的な目的があったのだ。

・肉を食べるという野蛮になりかねない行為を規制し、
・共同体の人々を結束させ
・それを司る聖職者階級の権力を支え、その地位を向上させる

動物を食べるというのは、少なくとも人間にとっては重大事である。肉は、手に入れたいが、手に入れにくいものであり、ゆえにそれを食べることには地位と名声が影響する。そして動物を殺すことも絡むため、道徳的・倫理的にあいまいな行為でもある。そして肉を料理することは、

事をさらに複雑にする。火で料理するようになるまで、今日で言う「食事」は存在しなかった。なぜなら、生の食物を探し回る者は、動物のように、見つけたものをその場でひとりで食べていたからだ。余れば人に分けただろうが、基本的に自分が見つけたものは自分のものであり、空腹ならそれを食べていた。だが料理の火はすべてを変えた。

「料理という行為は、初めからひとつの事業であった」とフランスの考古学者カトリーヌ・ペルレは言う。「料理は人に、自分だけの満足を超越させた」。料理には協力が必要とされ、火を保つことさえ、ひとりでは難しい。そして料理の火は人々を近づけ、料理を分かち合うというかつてない社会的・政治的に複雑な行為をもたらした。自制心、肉が焼けるまで待つ忍耐、できあがって分けるときの協力が必要とされ、取り分をめぐって争ったりしないよう、細心の注意が求められたのである。

おそらくそのような理由から、古代ギリシャにおいても旧約聖書の世界においても、肉を食べる機会は、入念に規則が定められた宗教儀式に限られていたのではないだろうか。また、儀式の規則は文化によって異なり、個々の儀式によっても異なるが、そのうちのひとつは普遍的なものである。それは、肉は料理するにも食べるにも（理想としてはそのすべてに）ルールが必要とされる、というものだ。肉には塩だけでなくルールが必要なのである。なぜなら、肉を食べることには動物が動物を食べるという恐ろしいイメージ――無法さ、貪欲さ、残忍さ、そして何よりも恐ろしい共食いのイメージ――がつきまとうからだ。

医師で思想家のレオン・R・カースは、カシュルート［ユダヤ教の食事の戒律＝コーシャー］について、「すべての肉が禁じられているわけではないが、禁じられているのは肉だけだ」と述べている。その戒律は、食べてはいけない動物、食べてもよい動物の食べてはならない部位、食べてもよい肉と食べあわせてはならないものを定めている。植物性の食べ物に関する規則もあるが、それらは肉に関するものほど厳格ではない。古代ギリシャ人もやはり、肉を食べることについてはルールを重んじた。生贄にできるのは家畜だけで、血を飲むことは（カシュルートの教えと同じく）禁じられた。また、部位の配分にも複雑な決まりごとがあった。

生贄に関する規則には、残虐な行為を防ぐという目的のほかに、共同体をまとめるという目的もあった。『古代ギリシャの神々への捧げ物』には、古代ギリシャの儀式は「食事を通じて親交を深めるためのものだった」とある。グループの規則に従って切り分けられた肉を食べることは、集団の結束力を高める（注9）。儀式の捧げ物の核心にあるのはこの分かち合いの精神であり、それはほかの多くの料理にも共通している。

現在、旧約聖書を研究する人の多くは、カシュルートの規則に正当な根拠は乏しいと考えており、人類学者の大半も同じ意見だ。わたしが子どもの頃に教わったこととは逆に、豚肉はほかのどんな肉とも違わず、危険な食べ物ではない。だが、いかに恣意的であろうと、それらの戒律はわたしたちを結束させ、集団としてのアイデンティティを形成している。「わたしたちは、豚を食べない民族なのだ」と。『レビ記』に見られる捧げ物のルールの多くも、社会を結びつけるという目的に沿うものだ。例えば、ある儀式では翌日の夜までにすべての肉を食べなければならないとされている。それは、残りを誰かに独り占めさせず、皆で分け合うための戒めなのだ。

南部バーベキューにもさまざまな流儀があり、複雑なしきたりが遵守されているのは、おそらく同じ理由からだろう。バーベキューのしきたりもまた、コミュニティを明確にし、強くするための、「食事を通じての親交」のルールなのだ。中でもホールホッグ・バーベキューのルールは厳格で、きわめて民主的に肉が分配される。誰もが同じ豚の肉を食べるだけではなく、さまざまな部分を——最上の部分もそうでない部分も——等しく食べるのだ。しかし基本的にバーベキューのルールの大半は、動物の種類や部位、ソース、燃料、火について定めたものだ。カシュルートと同じく、それらは勝手な、規則のための規則であり、ほかの社会との違いを強調することによってコミュニティの特徴を明らかにするためのものなのだ。例えば「われわれは、ヒッコリーで肩肉だけを料理し、バーベキューソースにマスタードを入れる類の人間なのだ」と。かくして禁止事項は雑草のように増えていく。「プロパンガス禁止、チャコール禁止、トマト禁止、リブ禁止、チキン禁止、ビーフ禁止」等々。

南部バーベキューのさまざまな流儀の微妙な違いを、わたしが四苦八苦しながら説明するのを聞いて、ある友人は、「つまりバーベキューは、カシュルートみたいなものだね」と言った。実のところ、両カロライナやテキサス、テネシーで、ピットマスターから最もよく聞いたのは、ほかの流儀についての、「なるほど、だが、それはバーベキューじゃない」というコメントだった。

それが何であれ、彼らのグループの伝統的ルールにそぐわない、つまり、カシュルートに反するというわけだ。

儀式での捧げ物の三つ目の機能は、それを司る聖職者階級の権力を支え、その地位を向上させることだ。この点においては、あらゆる政治機構と同じで、最大関心事は権力を永続させることにある。儀式で動物の解体・料理・切り分けを執りおこなう男性には、名誉がもたらされる。古代ギリシャでは、日常の料理の大半を女性と奴隷が担っていたが、儀式の食事が必要とされる時――戦争の始まりや終わり、賓客の来訪時、何か歴史的に意味のある日など――には、男性が執りおこなった。オデュッセウスもパトロクルスも、アキレスでさえも、料理の火を受け持った。祝祭の料理は彼らの名誉を損なわないどころか、いっそう高めたのである。『レビ記』に記されたルールは、司祭の権威を高めた。司祭は細心の注意を払って生贄の儀式を執りおこない、自らが得る部位を決めたのである。肉を食べることを伴う儀式のいちばん重要な目的は、司祭階級に対するコミュニティの支持を確実にすることにあったと聖書の研究者らは見ている。

まな板という名の祭壇でバーベキューの味つけをするピットマスターは、いや、裏庭でバーベキューグリルを取りしきる夫でさえも、こうした文化を受け継いでいる。そのような文化が二〇〇〇年にもわたって続いているというのは素晴らしくもあり、いささかばかばかしくもあるが、それゆえに、現代でもバーベキューの達人は、火と煙と肉とコミュニティを取りしきる力を持つのだ。彼らは、昔ながらの営みを守るという偉大な仕事を遂行しているのである。

その日の夕方から、ウィルソンでわたしはひとり舞台をこなすことになった。オーブレーは半日の契約で働いているらしく、午後六時になるといなくなった。お疲れさまと、挨拶を交わすこともなかった。このイベントの呼び物のひとつは、地元のヒーロー、エド・ミッチェルによるバーベキューのレクチャーとデモンストレーションである。それはつまり、エドがマイクを握っている間、わたしがひとりでまな板に向かうことを意味していた。エドは驚くほど落ち着いていたし、オーブレーが帰ったことを誰も教えてくれなかったので、わたしは緊張する暇もなく、その時を迎えた。

わたしにとって、「正統なホールホッグ・バーベキュー」（そういう言い方があるとして）は、時間決めで人を雇うようなものではない。手間以上に時間を要するこの料理が、賃金労働の社会に適合するとは思えないのだ。バーベキューのリズムはむしろ、小作や奴隷制といった前近代的経済に合っている。そうした経済が熱、豚、木の煙と結びついて、ある種の緩慢さを生み出した。その緩慢さは南部料理の、さらに言えば南部文化の、重要な要素になっている。「伝統的に南部人は、ある種の仕事のスピードが遅い」とアラバマのピットマスター、サイ・アースキンはかつて記者に語った。「料理もそうだ。南部人は火の周りでせわしなく動き回るのではなく、腰をおろし、じっ

くり時間をかけて肉が焼けるにまかせる。それが、まさに南部の伝統なんだ」

今ではその意味がよくわかる。その日の午後、エドとわたしは、何をするでもなくのんびりと時間を過ごした。クッカーのそばで立ったり座ったりして、表向きには「料理しながら」、ほぼ何もせずに過ごしたのだ。低い温度でゆっくり肉が焼けるのにまかせたのである。その間、する仕事はほとんどなかった。

しかし、客が来てエドが演壇に登ると、状況は急に加速し、慌ただしくなってきた。目の前のまな板では、豚の半身が湯気を立てていた。エドが聴衆にフード・ネットワークの番組でのボビー・フレイとの対決を、おもしろおかしくしゃべっている間、わたしは黒いポリプロピレンの手袋をはめた滑稽なほど太い指で、骨を取り除き、肉から皮をはがした。次に両手に包丁を持ち、部位ごとに分けた肉の山に取りかかった。荒く叩いて細かくし、後で脂肪分とジューシーさを調整するために、腹肉は別にまとめた。包丁は見かけより重く、同じ動きを繰り返すうちに、前腕の筋肉がすっかりくたびれてしまった。オーブレーは肉を均一な細切れにしていたが、わたしはもう少し粗く刻むことにした。食感としてそのほうが好きだったし、腕がちぎれそうに痛かったからだ。エドが解説し、客が見守る中、わたしは高く盛り上げた肉に味をつけていった。まずアップルサイダー・ヴィネガーを四リットルほど、次にたっぷりと手ですくった砂糖を数回分、塩、レッドペッパー、それから黒コショウ。それらを種まきの要領でむらなく振りかけた。

客から「あれ、皮を忘れてないかい?」と声がかかった。「そうそう、あのおいしいクラックリングを食べさせてよ！」という声もあった。幸いエドが、演壇に登る前に、片身の貴重な皮をぱりぱりに焼いてくれていた。この騒ぎからすると、今から焼いたのでは客たちは待ちきれなかったただろう。わたしはぱりぱりの皮を包丁で粉々に割り、かき集めて肉の山に加えた。残りはトレーに載せ、給仕人が客に回せるようにした。なにしろ客たちは、熱烈に皮を欲していて、そのエネルギーはビールやワインよりも、マホガニー色の豚皮の破片に注がれていたのだ。万一クラックリングを入れなかったら、いや、もっと恐ろしいことに焼き過ぎていたらどうなっていたか、想像するのも怖かった。

Ⅵ　ニューヨーク　マンハッタン――バーベキュー巡回興行

ウィルソンで有名人になってから数週間後、バーベキューの巡回興行に参加するチャンスが巡ってきた。今回は大舞台だ。エドと、オーブレーとザ・ピットのスタッフは、第八回ビッグアップル・バーベキュー・ブロック・パーティに参加するため、車でマンハッタンに向かっていた。そのエドから、手伝ってくれないか、と連絡がきたのだ。ノースカロライナ州ウィルソンの後で、ブロードウェイの初日の舞台に立つような気分だった。

マンハッタンはバーベキューの街とは言いがたい。十年ほど前、人気レストランを数多く経営するダニー・マイヤーは、ブルー・スモークという高級バーベキュー・レストランを開いてすぐにそれを痛感した。ニューヨーク市民にはそっぽを向かれ、一方、バーベキューをよく知る人には、マンハッタンで本物のバーベキューが食べられるだろうかと疑われたのだ。そこでマイヤーと総料理長のケニー・キャラハンは、各地の有名なピットマスターを七月の週末にニューヨークに招くことを思いついた――このイベントは、一人あたりのバーベキューグリル保有台数が全米一少ないに違いないニューヨーク市民に「本物のバーベキュー」を教えるとともに、名だたるピットマスターとともにブルー・スモークのピットマスターを紹介するチャンスになるだろう。なにしろ、クリス・リリー（アラバマ州ディケーター）、ジミー・ハグッド（サウスカロライナ州チャールストン）、ジョー・ダンカン（テキサス州ダラス）、スキップ・スティール（ミズーリ州セントルイス）、そしてエド・ミッチェル（ノースカロライナ州ローリー）が集結するのだから。――つまり、彼らの威光のいくらかをブルー・スモークにいただこうというのだ。それと引き換えに、各地からやってきたピットマスターは大量のバーベキューを売りさばき、その活躍が全米に報道される。イベントは大成功を収め、初回から七年経って、ニューヨーク市民はすっかりバーベキューのとりこになっていた。今年は一二万五〇〇〇人の来場が予想された。二日間にわたってピットを巡り、八ドルのサンドウィッチでバーベキューを味見するのだ。

土曜の朝早く、わたしが会場のマディソン・スクエア・パークに到着すると、エドとザ・ピットのスタッフはすでに五番街のすぐそばの東二六番通りの南側で、テントを設営し、クッカーとまな板を用意していた。五番街の角を曲がって半ブロックほどを占領していたのは、片面全体にエドの笑顔がペイントされた白いトレーラーだ。前日、エドらはそのトレーラーで、二七五ガロンサイズのクッカー七台、一六頭分の豚、テーブル数台、まな板、包丁、シャベル、何袋ものキングスフォード・チャコール、そして膨大な量のバーベキューソースを会場に運び込んだ。そして午後六時に豚を火にかけ、ザ・ピットのスタッフふたりが夜通しそれを見守った。マディソン・スクエア・パークにこれほどいい匂いが満ちたことはない。一五の店のピットから出る煙が、初夏の夕べの柔らかな空気の中で混じり合った。

ザ・ピットのスタッフは二枚のまな板で作業を始めた。オーブレーがわたしを手招きし、ひとりと交替するよう促した。隣に立つのはエドの息子ライアンだ。まだ一一時だというのにすでに客が集まってきていた。エドの評判もさることながら、いい匂いにつられてきたのである。二〇〇三年に開かれた第一回ビッグアップル・バーベキュー・ブロック・パーティ以来、エドはいつもこのイベントの目玉だった。彼はこのイベントでホールホッグ・バーベキューを作る唯一のピットマスターで、しかも唯一の黒人ピットマスターなのだ。エドのコーナーにできた長蛇の列は「正統性」の力を語っているかのようだった。

今ではわたしも手順を了解していた（と自分では思っていた）ので、すぐ作業に取りかかり、オーブレーがまな板に載せた、茶褐色に焼けた豚の脇腹から皮を剝ぎはじめた。マンハッタンで見る豚の丸焼きはどこか衝撃的で、世界、あるいは時代が衝突するような感覚を覚えた。しかしマンハッタンが呑み込めないものなどなく、じきにこの光景も普通に思えてきた。わたしは自分の仕事に自信を持っていたが、じきにここはノースカロライナ州ウィルソンではないことを悟った。一一時きっかりに、ザ・ピットのスタッフはサンドウィッチを売りはじめた。初回分はまたたくまに売り切れ、サンドウィッチ調理班は、もっと豚肉をよこせ、と叫びはじめた。わたしは精いっぱい急いで肉を切り刻んだが、スピードには限界があった。腕がしびれたからというだけでなく、小骨や軟骨が残っていないことを確かめてから、サンドウィッチ班に回したかったからだ。もし椎骨のかけらでも残っていて、それを誰かが呑み込んだらどうしよう？　マンハッタンは、一人当たりのバーベキューグリルの保有数は全米最少だが、弁護士の数は確実に最多なのだ。しかしサンドウィッチ班からの催促はやまなかった。「肉が足りない。肉を持ってこい！」わたしは腕が許す限りのスピードで豚肉を刻み、何ガロンものソースをその山に注ぎ、そうしながらも白いかけらが混じっていないか、目を凝らして調べた。肉を載せたバットをサンドウィッチ班に手渡すとすぐ、オーブレーが湯気の立つ豚をまな板に載せ、一から同じ作業が始まる（クラックリングはどうしたのだ？　おそらく読者の皆さんはそうお思いだろう。作業ラインは非常に速いペースで動いていたので、皮をパリパリに焼いたり混ぜたりする時間はなかった。幸い、マンハッタンではクラックリングを知る客はごくわずかで、知っていたとしても、待ちきれなかったはずだ。ということで、本日はクラックリングなし、となった）。

周囲の様子を見る暇はほとんどなかったが、それでも時おり、エドの丸い大きなごま塩頭が、客たちと話しているのが見えた。客たちは幸せそうだったが、だれもかれも腹をすかしているようだった。二六番通りに張られたベルベットのロープの向こうには、数千人もの人がバーベキュー・サンドウィッチを食べるために並んでいるはずで、それはわたしたちが提供できる数をはるかに超えていた。わたしは刻むスピードを倍速にし（品質管理にも気を配りながら）、服に熱い脂を飛び散らせて作業した。ふいに、足が焼けるように熱く、しかも濡れたように感じた。見おろすと、やけどするほど熱い肉汁が、まな板の上で湯気を上げる豚から流れ落ち、スニーカーと脚を濡らしていた。そんなわけで、オーブレーが交代を申し出てくれたときには心底ほっとした。

わたしは喜んで、燃えさかるクッカーの熱から逃れ、自分と煙、飛び散る豚肉、おなかをすかせた客の群れ、サンドウィッチ班の「肉が足りない。肉をよこせ！」という怒号との間に少しばかり冷気を入れた。エドがニューヨーカーの海をゆっくりと移動し、インタビューを受けているのが見えたが、お先にと、挨拶できるほどには近づけなかった。エドは集まった客をお決まりのギャグや楽しい仕草で笑わせていた。ここマンハッタンで、その姿は、ほかのどこで見るより輝いて見えた。エドはニューヨークで嬉々としてバーベキューのロックスターの役割を演じているのだ。だがその楽しそうな光景は、いささか心をかき乱すものでもあった。すべての人に十分なバーベキューが行きわたらないのは明らかだった。がっかりした客の群れはどんな反応を示すだろう。

午後一時には売り切れた。豚八頭分のバーベキューで作った二〇〇〇個のサンドウィッチが二時間もしないうちに完売したのだ。おそらくエドは、明日またバーベキューを焼く、八頭分の豚肉を用意すると客に告げ、客たちはしぶしぶほかのスタンドへと移動したことだろう。もっとも、その頃わたしはすでにエドのピットを去っていた。群衆からも熱からも逃れるために。

わたしはマディソン・スクエア・パークをゆっくり回って、よそのピットとピットマスターをチェックした。そこはさながらバーベキュー連合で、主な流派には次のようなものがあった。マスタードベースの刺激的なソースを添えたサウスカロライナ流、リブつきのメンフィス流ブリスケットとスモーク・ソーセージのテキサス流。ピットマスターは全員男性で、皆しゃれた宣伝文句があり、多くはやはりしゃれたトレーラーを持っていた。ぴかいちは、チャールストンから来たジミー・ハグッドの真っ赤な二階建ての移動バーベキュー・レストランだ。一階は六台のクッカーが並ぶ本格的な厨房になっていて、二階のレストランには螺旋階段で上るようになっている。わたしはジミーからこの道に進んだ経緯を聞いた。以前彼はチャールストンの保険代理人だったが、その生活に飽き、自分はピットマスターになるべきなのだと気づいたそうだ。あるプロジェクトが進行中で、オフィスでの作業が残っていると言う。「それには仕事用の顔が必要だ」と彼は言った。「いわゆるマーケティングさ」

ジミーのトレーラーの二階から、会場全体を見渡すことができた。席に座って冷たい飲み物を飲みながら、わたしはただただ驚いていた。見渡す限りのバーベキュー。ヒッコリーの煙が渦巻く中、何万人もの人がポークリブやバーベキュー・サンドウィッチの紙箱を持って歩いている。マンハッタンがこれほど多くの豚を見るようになって、何年経つだろう――この週末だけで三〇〇頭を下らぬ豚が、群衆の腹を満たすために犠牲になったのではないか――燃やされた木も、相当な数になるだろう。

今日のマンハッタンは世界的な美食の都として知られるが、そこに集まったバーベキューの達人たちは、典型的なニューヨークのシェフとは大違いだった。シェフが芸術家を気取り、客が斬新な味や経験を喜ぶこの地で、ピットマスターの世界は前近代的で、叙事詩のごとく率直で、陰影もアイロニーもない。目新しさは無縁で、彼らはむしろ「従来どおり」を重視する。バーベキューをよりよいものにするにはどうすればいいか？　戸外の、すべてがはっきり見える場所、何もかも明るく照らされている場所で、煙をもくもくと立てて焼く、というのが彼らのやり方だ。ピットマスターは、木・火・煙・肉といった古代と変わらぬ原始的要素にのみ取り組み、独創性や発展ではなく、ただひたすら忠実さを追い求めてきたのである。

現代的なシェフと違って、ピットマスターはアーティストというよりむしろ聖職者のような姿勢で仕事に臨んでいる。皆、独自の信徒と祭礼をもち、自らが創造した形式ではなく、受け継いだ形式を忠実に守る。エイデンでサミュエル・ジョーンズは「うちのバーベキューは欽定英訳聖書みたいなものさ」と得意げに言っていたが、そのようなことを言うシェフがいるだろうか。口上だけでなく、仕事と料理においても、ピットマスターはホメロスのように型を重んじる。彼らは卓越した英雄のようなキャラクターを演じ、実際、独善的でなく誇り高いところは、英雄物語の主人公のようでもある。自らを理想像とも、部族の――バーベキューの流儀で結びつく共同体――の代表とも見なしていないので、自慢しても反感を持たれないのだ。「ぼくは昔ながらの炎の番人だ」とエドは聖書に出てきそうな言葉を南部料理同盟の歴史家に語った。「忘れてはならないのは、豚から作ったソーセージを焼いてバーベキューと呼んだり、リブを焼いてバーベキューと呼んだり、肩肉を同様にバーベキューと呼んだりしてはならないということだ。まず豚を丸一頭焼く。すべてはそのホールホッグ・バーベキューから得られるのだよ」

彼らは小説が生まれる前の時代を生きているかのようだ。その古めかしい人物像を演じ、豚と薪の火と時間が出会う自然のドラマを人々に見せるのに、二一世紀のマンハッタンほど効果的な舞台があるだろうか？　わたしはジミー・ハグッドの真っ赤なバーベキュー・トレーラーの二階席から、マディソン・スクエア・パークを見渡し、遠くのほうに群衆に囲まれたエドの白と黒が混じった大きな頭を見つけた。ニューヨーカーで埋め尽くされた海で、彼の頭は月のように明るく輝いて見えた。

Ⅶ　カリフォルニア州バークレー——前庭で燃える火

家に戻ったわたしはいくつか実験を行い、ノースカロライナで火を用いた料理についていかに多くを学んだかを実感した。まず、アイオワの養豚農家ジュード・ベッカーに骨つきの肩肉を注文した。ジュードは昔ながらの品種を自然に近い環境で育てている。放牧し、秋にはドングリを食べさせるという念の入れようだ。そのほか、オークとアーモンドの薪を一コード分［約三・六立方メートル］取り寄せ、自宅の前庭のピットで燃やした。後ろめたくなるほど大量の木を燃やしたが、それは、必要なのは炎ではなく、炎の残り物、つまり炭火だと知っていたからだ（もちろん、それを承知のうえで、エドのようにチャコールで代用してもよかったのだが）。小屋一軒分のタバコの葉を燻せるほどの木を燃やして、ようやく肉に取りかかった。南部のピットマスターだけでなく、各地で出会った火を使う料理人——さまざまな伝統を守っている人々や、パタゴニアやバスク地方など辺境の地で働いている人々——から等しく学んだのは、「料理するには、まず木を料理しなければならない」ということだ。

豚の肩肉は驚くほど大きな箱で届き、その中身は見慣れた肩肉とは違っていた。肉屋で「豚のショルダー」を注文すると、二、三キロの肩肉、つまり前脚上部の肉を包んでくれる。ピクニックハムとか、ボストンバットと呼ばれる部位だ。しかし、卸売りで「豚のショルダー」と言えば、皮とひづめが揃った前脚を意味する。箱から出てきたのはまさにこれだった。丸ごと焼いてもよかったが、それだけの体力もなければ、食べてくれる人もいないので、シェフをしている友人を呼んで、切り分けてもらった。彼女は肩甲骨から上腕骨をはずし、扱いやすいよう、三つに分けてくれた。丸ごとの前脚を買う利点は、皮をつけたまま分割できることだ。つまりクラックリングを作ることができるのだ。わたしたちは硬い皮に鋭利なナイフで格子状の切り込みを入れ、脂肪が溶けて皮がぱりっと焼きあがるようにした。

わたしのピットは、直径一二〇センチほどの古い鉄製のボウルで、売っていた男性によると、インドで見つけたもので、現地では屋台で食べ物を焼くのに使われていたそうだ。浅く、底が広いので、片側で炭を起こし、もう片側に焼き網を載せ、火の回った炭からシャベルで焼き網の下に寄せることができる。だが、大きいだけに、蓋になるものが見つからない。誰でも思いつきそうな解決策だが、わたしは鉄筋の支柱でドーム形の骨組みを作り、銀色の断熱布で全体を覆った。できあがったそれは、火星から来た宇宙船かと思うほど奇妙だが、肉の大きな塊を焼く時には威力を発揮した。

前庭でバーベキューを焼く際には、薪の炎が消えて肉の下に置けるようになるまで、長々と火を見つめることになる。薪の炎を見つめていると、頭がぼんやりしてくる。思考が炎にコントロールされ、まっすぐ進まなくなるのだ。フランスの風変わりな哲学者ガストン・バシュラールは、哲学は火の前で、火が導く奇妙な夢想から始まった、と述べている。

バシュラールは何の証拠も示していないが、この言葉にはある種の詩的真実があり、それは、彼が唯一、興味を向けたものだった。一九三八年にバシュラールは『火の精神分析』という、捕らえどころのない薄い本を著し、火に対する近代科学の還元主義的な捉え方に異を唱えた（注10）。かつて火は、科学者も詩人も夢中にさせた。すべての変化の鍵ではないかと考えられ、現実を構成する偉大で力強い要素のひとつだと信じられてきた。しかし、科学によって、火は二次的現象にすぎないことが明かされた。つまり火は、「急速な酸化」という単純な化学反応の、目に見える部分にすぎないのだ。

現在、火は「もはや科学の対象ではない」が、日々の生活においても想像の中でも、わたしたちにとってその存在は、二〇〇〇年以上前に火を土、空気、水に並ぶ基本元素――世界を形作る基本的で消えることのない四元素――のひとつに数えたエンペドクレス［古代ギリシャの哲学者］が捉えたものと変わっていない。四元素を近代の科学が一一八元素からなる周期表に変えてからもう長い年月が過ぎたが、文芸評論家ノースロップ・フライは、バシュラールの著書に寄せた序文で次のように記している。「詩人にとって、基本元素は永遠に、土と水と火と風であるだろう」

火が現実の構成要素であろうとなかろうと、火の使用は人間と人間性の本質に関わるものだということをわたしたちは認めているし、科学も認めつつあるようだ。「動物は食物と水とすみかを必要とする。人間もまたそれらすべてを必要とし、さらに火も必要とする」とリチャード・ランガムは『火の賜物』で述べている。わたしたちは体温の維持を火に頼る唯一の種であり、火で料理しなければ生きていけない唯一の種なのだ。火の使用はすでにわたしたちの遺伝子に組み込まれており、火は人間の文化のみならず、生態にも深く関わっている。「料理仮説」が正しければ、火は食べ物が含むエネルギーをより多く取り込めるようにし、消化の一部を肩代わりすることによって、人間の脳の急激な成長を支えてきたことになる。少なくともこの意味において、火のおかげで哲学が始まったというバシュラールの見方は正しい。それに音楽、詩歌、数学、そして火にまつわる書物を加えてもよいだろう。

料理の火、とりわけわたしが自宅の前庭で見守っているようなものは、人々の結びつきを深める助けにもなった。歴史家のフェリペ・フェルナンデス＝アルメストが著書『食べる人類誌』で述べたように、「火の社会的磁力」は人間を結束させ、そうすることによって人間の進化の方向を変えたようだ。料理の火は、ほかの人とうまくやっていける人間――アイコンタクトをとり、協力し、分かち合うことができる人間――を選択したのだ。フェルナンデス＝アルメストは「火と食べ物が結びついたとき、共同生活に人々を強く引き寄せる中心(フォーカス)が生まれた」と書いている（実のところ、フォーカスという言葉は「炉」を意味するラテン語から生まれた）。料理の火の社会的磁力はまだ健在であるらしく、バーベキューで客をもてなすとき、客人たちは自ずと庭に出てきて、今宵のディナーが音をたてて褐色に焼けるのを見ようとし、近所の子どもたちは、おいしそうな匂いの正体を見極めようと、この庭に集まってくる。

日々の生活で火そのものを使うことは少なくなったが、料理の火の社会的磁力はますます強くなってきたようだ。料理の歴史は、料理の火の扱いが徐々にうまくなり、やがてそれが生活の場から消えていく話でもある。家の中に持ち込まれた当初、火は石造りの暖炉の中に入れられていたが、やがて鉄とスチールで覆われるようになり、現代では、ガラスと樹脂に覆われた、目に見えない電流と電磁波に取って代わられた。電子レンジは、料理の仕方もイメージも、火とはスペクトルの対極にあり、その火も煙もない、感覚に反する冷たい熱源は、わたしたちに穏やかないらだちを感じさせる。料理の火は共同体を育てる力を持つが、電子レンジはその逆だ。パナソニックのレンジの周りにいったい誰が集まるだろう？　ブーンという動作音が、いったいどんな夢想を抱かせるだろう？　放射線防止用の二重ガラスを通して中を見ようとする人がいるだろうか？　そこではただ、ひとりで食べる人用の「一食分」が活気なく回っているだけではないか？　近年、火による料理が復活してきたところを見ると、電子レンジには感謝しなければならないのかもしれない。火の勢力圏に戻って再び人と過ごしたくなるよう、わたしたちを駆りたててくれたのだから。

さて、前庭で燃えている火に話を戻そう。

火が静まり、薪が砕けるのを待って、ようやく肉を焼き網に載せる。蓋なしでグリルするときも、蓋をして弱火で焼くときも、それは同じだ。炭の煙は、薪を燃やす煙より穏やかだ。ほとんど見えないが、この「二番目の煙」は、薪が燃えるときのタールのような刺激臭を含まず、もっと繊細な木の香りを伝えるように思える。

バーベキューでいちばんの働きどころは、ピットで火を起こし、その炭をすくって蓋のできるケトルグリル［バーベキュー用グリル］に入れるまでだ。わたしは空気孔をすっかりふさぎ、中の温度を摂氏九〇度から一五〇度に保てるようにする。それより高ければ焼けすぎるし、低ければ中まで火が通らない。理想を言えば、火のついた炭を余分に用意し、後から補充できるようにしたい。わたしはいつも、肉を載せる前に、肉の真下にくる炭を少しよけて、そこにアルミホイルのトレーを置き、肉から落ちる脂を受けるようにしている。トレーには深さ四センチほど水を張る。脂に火がつくのを防ぐとともに、炉内の湿度を保つためだ。

肉を焼く準備が整った。焼きあがるまで長くかかるが、特にすることはない。ただ肉から片目を離さないようにするだけだ（だから家を留守にはできない）。ひとりなら夢想にひたり、友人と一緒なら、しゃべったり飲んだりして過ごすことになる。やがて火は、強すぎるか弱すぎるかのどちらかになる。わたしが会ったピットマスターは皆、火のコントロールが大切だと言っていたが、火の強さを一定に保つのはさらに難しい。空気孔を開閉するのも一手だが、それでうまくいかなければ、熱い炭を足すか減らすかしなければならず、それは往々にして厄介で危険な作業になる。

ここでガスやチャコールを良しとするかどうか、その人の姿勢が問われる。

実を言えば、わたしが最高の結果を出したのは、プロパンガスを使ったときだった。豚肩肉を焼きあげるには少なくとも六時間かかるし、完璧に仕上げるならもう一、二時間欲しいところだが、それほど長い時間、火を穏やかにくすぶりつづけさせるのは難しい。そこでわたしは、余分の炭火を用意してこわごわ足すのではなく、ケトルグリルの温度が一一〇度を下回ったところで、肉をグリルから出すことにした。肉はすでに薪の煙の恩恵をたっぷりと受けており、焼きが進んだ肉はそれ以上、香りを吸収できないからだ。しかし、今しばらく熱（一二〇度〜一五〇度で一、二時間ほど）を加える必要があり、またわたしはエドから、「正統性」のより柔軟で寛大な解釈を学んでいた。

かくして肩肉はガスオーブンに入るわけだが、そのとき、肉の内部の温度は七〇度程度で、皮は格子状に入れた切れ目が広がり、きれいな褐色に焼けている。しかし、触るとまだゴムのような感じがする。十分火が通っているのだが、水気がなく、硬い。ここで終わりにすれば、それはバーベキューではなく、ただの焼き過ぎた豚肉だ。

しかし肉の内部が九〇度に達すると、驚くべき変化が起きる。時々肉をつついていれば、それが感触としてわかるだろう。硬く感じられた肉が、急に柔らかくなるのだ。一定の熱をじっくりと加えることにより、コラーゲンが溶けてしっとりしたゼラチン質になり、筋肉がほぐれて、肉汁をたっぷり含んだ、ちぎれやすい柔らかな繊維に変わったのだ。そして計画どおりなら、皮は細かな切り込みが縦横に走る貴重なクラックリングになっているだろう。

ここまで来れば、後は切り刻んで味つけするだけで正統派バーベキューができあがる。ホールホッグではないが、ふんだんな脂肪とさまざまな筋肉からなる肩肉は、それに迫るほどおいしい。初めてクラックリングを含めて正統と言えるおいしいバーベキューが焼けたとき、わたしはエドに知らせて――ここに書いたように――自慢し、バーベキューの競技に出ようかと真剣に考えたものだった。しかし、じきに興奮は収まり、結局、何人かの友人を急あつらえのディナーに招き、最高傑作と胸を張って言えるバーベキュー・サンドウィッチをともに堪能したのだった。

Ⅷ 終わりに――スペイン　アシュペ村

最後にもうひとつ、どうしても紹介しておきたい料理の火がある。それを知ると、人類が火で料理するようになって二〇〇万年経った今でも、その可能性はまだ残っていると言わざるを得ない。わたしはこの火を、スペイン、バスク地方の、サンセバスティアンとビルバオの間の岩がちな山中にあるアシュペという小さな村で見つけた。その村の広場に面した、これと言って特徴のない古い石造りの家で、独学で料理を学んだ五〇代のシェフ、ビットル・アルギンソニス（かつては伐採人で、電気技術者でもあった）は、火を用いた料理の本質を静かに粘り強く追究している。

わたしがビットルに会ったのは、マンハッタンでエド・ミッチェルと料理をしてから二四時間も経たないうちのことだった。両者の人となりと世界は、はっきり異なっていた。ビットルはインタビューされるのが苦手で、というより、そもそも口数が少ない。少なくとも料理中はそうだ。それは、彼の料理には非常な集中力が求められるからで、厨房を訪れた人は、侵入者か透明人間にでもなったような気がする。修行僧を思わせる控えめな人物で、背が高く、腹が少し出ている以外はほっそりしていて、髪は灰色だ。ひとりで作業するのが好きで、アシュペを離れることはほとんどなく（アシュペの水も電気も通じていない家で彼は育ち、母親は薪で暖をとり、料理をした）、宣伝が嫌いで、唯一の例外は「チャコールは敵だ」という文句である。彼は料理とは犠牲がすべてだと信じている。その犠牲とは食材の動物ではなくシェフ自身のことであると、わたしは間もなく理解した。

ビットルの店「アサドール・エチェバリ（バスク語で「新しい家」の意）」の厨房は光り輝くステンレスで覆われた立体空間で、彼が設計した六つのグリルが壁一面に並んでいる。燃料は薪から作った木炭だ。反対側の壁の、腰の高さのところにオーブンがふたつあり、中では薪が赤々と燃えている。このレストランの朝は、ビクトルと、おしゃべりだが注意深いオーストラリア人のスーシェフ、レノックス・ヘイスティが、大量の地元産のオークと柑橘類、オリーブ、ブドウの薪を、そのふたつの窯に入れて火をつけるところから始まる。薪を木炭にして料理に使うのだ。

ビットルはすべての料理に木炭で風味をつける。しかも料理によって木の種類や、燃え具合（真っ赤に燃える強い木炭か、あるいは灰色の消えかかった木炭か）さえ変えるのだ。ブドウの木炭は高温で燃え、芳香に富むので牛肉に使う。一方、オークの消えかかった木炭は、ホタテ貝にかすかな香りをつけるために使う。薪用オーブンの上方の壁から突き出ている黒い調節棒で、オーブンに入る酸素の量を調節し、ひいては、木炭の温度や燃焼時間を思いどおりに変えている。

厨房の裏の網戸の向こうは差掛け小屋になっていて、薪にするさまざまな木が整然と積み上げられており、その横には、トマト、リーキ、玉ネギ、ソラマメ、アーティチョークなどの野菜の木箱が置いてある。そのほとんどは、山を何キロか登った先の高地にある畑で、八九歳になるビットルの父、アンヘルが育てたものだ。まともな食材は、市場では手に入らないからだ（「何もかも、化学薬品に汚染されています」とビットルは言って、うんざりしたように小さく鼻を鳴らした）。別の部屋には、海水の入った生け簀（このような山岳地帯ではたいへんなことだ）があり、食材のロブスターやウナギ、ナマコ、牡蠣、アサリ、それにさまざまな魚が、火の準備ができて引き上げられるまで飼われている。

その日の午後、わたしはビットルの厨房で過ごしたが、彼は黒いTシャツにグレーのスラックス姿で、エプロンはつけていなかった。それでも服には染みひとつない。つまり、彼の料理に液体が入る、あるいは生じることはほとんどないのだ。当初わたしは、ノースカロライナでしたように、料理を手伝わせてもらえないかと頼むつもりだったが、それは脳外科手術を手伝わせてほしいと頼むに等しいことだとすぐに理解した。レノックスによると、厨房に入れただけでも相当ラッキーなのだそうだ。

エチェバリではすべて注文を受けてから料理される。最初のオーダーが入り、ナマコを調理するために、ビットルが小さなステンレス製のスコップで赤く燃えるオークの木炭をひと山すくうのが見えた。ナマコはゴムのような感触の海の生物で、彼が取り出したナマコの、細い縞の入った白い体はイカに似ていた。なめし革のようなナマコの表皮に熱を通すには、高温で短時間熱する必要がある。ビットルはナマコを焼き網の上に載せる前に炭をじっと見つめ、火が回るのを辛抱強く待った。グリルの上にあるステンレス製のハンドルはケーブルで重りとつながっていて、食材と火との距離を微調整できる。彼は炭に十分火が回ったことを目で見て判断し――手をかざして調べたりはしなかった――、ナマコを焼き網に載せた。そして霧吹きでオイルをかけたが、それは薪の芳香を吸収しやすくするためだ。それからナマコをじっと見つめ、無心にひたすら待つ。ナマコの細い筋に交差してほんの少し焼き目がつくと、彼は一度だけそれを裏返した。

続いてわたしは、彼が牡蠣を「料理」するのを――つまり、よく火の回った木炭を火ばさみでつかんで、ぷっくりした鳩羽色の牡蠣の身の下に置くまでを――見た。ふと、エイデンでジェイムズ・ハウエルが煙のたつ炭をシャベルですくって豚の下に入れる姿を思い出した。やっていることは基本的には同じだが、ここの料理はハウエルのそれと違うのだろうか？　火はいかようにも変化する。煙もそうだ。ビットルは牡蠣に火を通すのではなく、オレンジの木炭の煙をわずかに絡ませるだけだ。かざすのは三〇秒弱。その間、彼はずっと、牡蠣とにらみ合いをしているかのようだった。何も言わず、牡蠣にも触らなかったので、推測にすぎないが、牡蠣の表面のつやが変わるのを――熱が通ったか、少なくとも食卓に出せるようになったことを示す兆候を――待っていたのではないだろうか。これで十分だと判断すると、牡蠣の身をレノックスに渡し、レノックスはその身を殻に戻した。ビットルは身をかがめて海塩の粒を何度か牡蠣に振りかけ、スプーン一杯分の白い泡を上に載せた。数分前に殻から身をはがしたときに残った液を、レノックスが泡立てたものだ。

わたしは一二皿からなるコース料理を食べたが、そのすべてが、バターやデザートにいたるまで、何らかの形で木炭の煙に触れたものだった。そう言うと単調なレシピのように思えるかもしれないが、実際は単調と言うには程遠く、それが解きがたい謎となってわたしの心に残った。牡蠣はどうだったろう？　それまでに食べたどの牡蠣よりも牡蠣らしい味がした。煙の風味は牡蠣とひとつになったと言うより、むしろ完璧なバランスで共存し、牡蠣の潮の香りを強めたようだ。窓枠や窓が、見過ごしそうな景色を美しく引き立てるのに似ている。ほかの料理についてもそれは同じで、タコやマグロのトロも、それぞれにふさわしい煙を適量まとわせることで、本来の風味がいっそう引き立ったように思えた。よく計算された塩が、塩味を悟らせないまま素材の風味を引き出すように。

食事が終わらないうちに、わたしはこう考えはじめた。ビットルは、塩味、酸味、甘味、苦味、うま味という五つの基本的な味覚に並ぶ六番目の味覚として、煙の用い方を発見したのではないだろうか。おそらく煙は、味覚を構成する「原色」のひとつなのだろう。そう思えるのは、薪の煙が、料理した食物が最初にまとった風味、すなわち、人類が初めて火を用いたときに素材に与えた風味だからではないか。ビットルの料理はそんなことをわたしに考えさせた。彼の料理がきわめて素朴かつ繊細だったので、料理の本質を熟考するに至ったのだ。

屋外のピクニックテーブルで、ビットルから話を聞いた。彼は木炭を用いた料理は「自然の産物を讃える最良の方法」だと言った。彼にとって火は、自然――素材となる動物や植物や茸など――を変化させるものではなく、際立たせるものであり、食物を別物に変えるものではなく、いっそうそれらしくするものなのだ。

「グリルは、素材の素晴らしさも凡庸さも露わにする」と彼は言う。だからこそ彼は、新鮮な最高の素材を手に入れるべく、人並みはずれた努力をしているのだ。彼にとってグリルは、自然界つまり海や牧場の生き物を探究する道具であり（彼が食べさせてくれたステーキは、一四歳の乳牛の肉をブドウの木炭の強い火で表裏さっとあぶっただけのものだが、信じられないほどおいしかった）、木を知るための道具でもある。なぜなら木は、かつて伐採職人であった彼が最初に愛したものであり、その香りは触れるものすべてを変化させるからだ。驚いたことに彼は、自分の手段は煙ではない、煙の味わいと匂いは素朴すぎる、と言った。むしろ、木の「芳香」で風味づけしたいのだと言う。だが、その風味は煙によって食物に伝えられるのではないだろうか？「いや、煙じゃない」と彼は断言した。わたしにはわけがわからなくなった。解釈の違いか、それとも木の燃焼の複雑さのせいなのか。

ビットルは、火はすべての食材のおいしさを引き立てると考えている。これは煙ではない何かのはたらきによるもので、なぜそうなるのか、いつも明白なわけではないそうだ。「わたしの料理は今も開発中で、実験中なのだ」と言う。目下のところ、彼は蜂蜜をグリルする方法を研究中だ。金属加工も達者なビットルは、ステンレス製の細かな網のついた調理皿を作り、キャビアのように繊細でごく小さなものまで「料理」することができる。レノックスによると、キャビアのグリルがメニューに加わるまで、ビットルはキロあたり三二〇〇ドルもするキャビアを何キロも使って実験したので、見ているほうも辛かったそうだ。ムール貝を料理するためにビットルが作った焼き型は、真ん中のじょうごに煙を通し、貝汁を保ったまま風味づけできるようになっている。バターとアイスクリームは、釉薬をかけていない陶器でさっと乳脂を温めるのだが、間接的にかすかな煙の匂いが、いや、彼に言わせれば、木の香りが移るだけだ。

実際、エチェバリでの食事は煙の香りをつけた乳脂のさまざまな料理に始まり、それに終わった。わたしにとってそれらは、火の料理の探求においていちばんとは言わないまでも、その午後経験した中では最も忘れがたい味覚となった。ビットルは自ら乳脂を攪拌してバターを作り、それをパンなしで供する。繊細なチーズのように、バターそのものを味わいなさいと言うのだ。牛乳から作ったものとヤギ乳から作ったものがあり、自然が進化させた草から乳脂を作る二つの方法を比べることができる。ほんの少しの煙――木の香りと言ってもいい――が、その乳脂に、何か違うものを、心を揺さぶりさえする予想外の魅力を、引き出したのだ。

乳脂――乳の最も濃厚で甘い部分――は、人生で最初に出会う味覚であり、料理した食べ物の味を知るはるか以前に味わう、新鮮で無垢な味覚である。一方、煙――あるいはバターがかぶった灰――は、新鮮さの対極にあるものでないだろうか。つまり、スプーン一杯のアイスクリームにおいて、無垢と経験が混じりあったのだ。ビットルのことを陽気だという人はいないが、彼はアイスクリームの無邪気な幸福に、はかなく寒々しい死の影を差しかける方法を見いだしたのである。

暗いデザートと言ってもいいし、確かにそうだが、極上の食材に薪の火を加えるというほんのわずかな工夫でこれほど大きな効果がもたらされたことは、実に幸せで希望の持てる発見だとわたしには思えた。ビットルの厨房で、わたしは究極の火の使用を目の当たりにし、また、味わったのである。料理の火は、ノースカロライナではまったく古風に見えたが、ここスペインでは無限の可能性を秘めた新しいものに見えた。

こうしたことが、「分子調理法」（素材よりも、科学的分析と技術に頼ろうとする調理法）で知られる現代のスペインで見出されるとは意外である。分子調理法で世界の先端をいくシェフ、フェラン・アドリアは、液体窒素、キサンタンガム［多糖類のひとつ］、合成香料、合成の食感など、現代の食品科学を駆使することで知られるが、ビットルの料理のファンで、よくアシュペに来てエチェバリで食事をする。以前『グルメ』誌は、アドリアの言葉として、「わたしが先鞭をつけていなければ、ビットルの今はなかっただろう」という台詞を載せた。これはあきれるほど傲慢な主張であり、わたしがそれを読んで聞かせるとビットルはわずかにいらだち、ハエでも追い払うかのように手を振った。

「フェランの料理は未来志向ですね」とビットルは言う。「わたしはむしろ過去にさかのぼることに興味があります。ところが過去にさかのぼるほど、進歩できるのです」

「今は素材なしで料理しようとする人がいます」自然のままの素材を使わないという意味だろう。それでは先がないとビットルは考える。「味覚をだますことはできても、胃袋をだますことはできませんから」

アドリアが、自分の料理をビットルのそれに先立つものだと言うのは、次の意味においてのみ正しいと言えるだろう。ビットルの料理の好みや、薪や火や食物の本質に対する異常なまでのこだわりは、それらを超えようとする人類の挑戦――分子調理法だけでなく、人工的な風味や色、あらゆる種類の合成食品、電子レンジも含めて――があって初めて生まれたものなのだ。現代人は多かれ少なかれ既存の味覚に飽き飽きしており、新たな味覚、新たな刺激、新たな媒介を通じた経験を求めている。そうした探求がわたしたちをどこまで連れて行くのか、その探求がいつまで続くのかはわからない。しかし人間は、自らの発想と着想の海で遠く流され、危うくなってくると、必ず自然という頑強な岸に戻ってくるのではないだろうか。わたしたちが戻る岸は、船出したときと必ずしも同じではないが、それでもわたしたちを失望させるものではない。

「この種の料理は、人類と同じくらい歴史の古いものです」。現代においてなお、薪の火による料理がわたしたちを惹きつける理由を尋ねると、ビットルはそう答えた。それほど複雑なことではない。「それは遺伝子に組み込まれているのです。ある部屋――空き地でもいい――に足を踏み入れ、薪の煙の匂いに気づく。煙には力があります。あなたは尋ねるでしょう。何を料理しているのか、と。そしてあなたの五感は全開するのです」

原注

＊1 ただし、後に『レビ記』では、穀物の捧げ物に関する規則が詳しく説明されている。その記述から察するに、動物を捧げる余裕のない人は、穀物を捧げてもよかったらしい。

＊2 人と動物との区別に執着していた古代ギリシャ人にとって「生肉を食べる者」は、「野蛮」の意を含む、痛烈な罵り言葉だった。一つ目の巨人キュクロプスは、英雄オデュッセウスの部下である船乗りを生のまま食べるという、二重の蛮行におよんだのである。

＊3 Berna, Francesca, et al, "Microstratigraphic Evidence of In Situ Fire in the Acheulean Strata of Wonderwerk Cave, Northern Cape Province, South Africa." *Proceedings of the National Academy of Sciences* 109 No.20 (May 15, 2012), E1215-20.

＊4 Carmody,Rachel N.,et al. "Energetic Consequences of Thermal and Nonthermal Food Processing." *Proceedings of National Academy of Sciences* 108 No,48(November 2011):19199-203.

＊5 調理された卵は九〇パーセントが消化されるが、生卵は六五パーセントしか消化されない。同様に、牛ステーキやパスタも、熱の通し方が少ないほど、消化されにくい。ダイエットしている人は注意されたし。

＊6 彼がなぜ水について言及したのかはわからない。それが火にとって敵だからか、あるいは、水は女性らしく、バーベキューは男性らしいからか？

＊7 二〇一一年に、エド・ミッチェルはザ・ピットの経営から手を引いた。良好な関係だと報じられていたグレッグ・ハテム率いるレストラン・グループと決裂したのである。エドによると、方針と経営について衝突し、「自分でコントロールできないものに、エド・ミッチェルの体面と名声を委ねるわけにはいかなくなった」らしい。エドは、ノースカロラ

イナ州ダラムにバーベキュー・レストランを開店する計画である。

＊8　この店の名は、何がバーベキューで何がバーベキューでないかという問題に絡んでいる。「バーベキュー」という言葉は豚のバーベキューを指す言葉であって、ビーフのリブやチキンには使えないのではないか。リブやチキンは、バーベキューとは呼べない。少なくともノースカロライナ州のレキシントンより東では。

＊9　同じことがキリスト教の聖体拝領についても言える。参加する信者は象徴としてのキリストの体と血をいただくからだ。

＊10　序論で、バシュラールが次のように注意を促す。「本書を読みおえても、読者の知識はまったく増えていないだろう」

第二部

水

七つのステップのレシピ

「大釜の中で起きる変化は、本質的で不思議、微妙で繊細にして、言葉では言い表せない」

――古代中国の料理人、イ・イン、紀元前二三九年

「水はH_2O、つまり水素原子二個と酸素原子一個からなっているが、そこには第三の要素がある。それが何かは誰も知らない」

――D・H・ロレンス『三色菫』

Ⅰ　ステップ1――玉ネギをみじん切りにする

玉ネギを刻むのが楽しいという人はいるだろうか。仏教徒の中にはその作業に打ち込み、涙さえも受け入れ、「玉ネギを刻むときには、ただ玉ネギを刻む」と、抵抗せず、不平をもらさず、その瞬間ただそこに存在し、玉ネギ刻みに専念する人もいるかもしれない。しかし、わたしたちの大半は仏教徒ではないし、玉ネギを刻むときには文句のひとつも言いたくなる。そう考えると、毎日家で料理を作るのが面倒になるのも無理はない。みじん切りも含め、料理の作業を外注する安くて便利な方法はいくらでもあるのだから。夕食を一から自分で作ろうとすれば、レシピはたいていたい玉ネギのみじん切りから始まり、たいていそこでやる気がそがれる。

実際、食べようとするわたしたちを、玉ネギほどうまくかわす食材はないだろう。玉ネギにしてみれば、包丁の刃は齧歯動物の歯と同じだ。つまりそれは命に関わる脅威であり、ゆえに玉ネギは化学反応を起こして、その攻撃を妨害するのである。わたしは、玉ネギのみじん切りを楽しくするのは無理だとしても、より興味深いものにできないだろうかと、玉ネギの戦略について調べてみた。すると、驚くべきことに玉ネギは、歯や刃が細胞壁を貫く瞬間まで、その防衛策を行使しないことがわかった。

ミトコンドリアか核のサイズになって、無傷の玉ネギの細胞の中に入ることができたら、その環境が驚くほど快適で、周囲の液体は甘く、涙は少しも出ないことに気づくだろう。そこかしこに四種類の防御分子が漂っているが、おそらくあなたは気づかないはずだ。気づくものがあるとしたら、それは小さな風船のような液胞で、引き金の役割を果たす酵素を含んでいる。刃や歯がこの液胞を壊すと、酵素が逃げ出し、防御分子のひとつ［アミノ酸］にくっつき、それを二つに分解する。すると、揮発性の化合物［硫化アリル］ができる。この化合物こそが玉ネギの強い刺激臭のおおもとで、「催涙物質」を含んでいる。それが傷ついた玉ネギの細胞から空気中に逃げだし、哺乳類の目や鼻孔の神経終末を攻撃し、その後、二酸化硫黄、硫化水素、硫酸が混じり合ったものになる。「実にうまくできた分子爆弾だ！」とハロルド・マギーは言った。確かに。自分を食べようとするものに硫酸と催涙ガスをお見舞いする食用植物、それが玉ネギなのだ。

最近わたしは、何度となく玉ネギを刻んだ。と言うのも、鍋で煮込む料理——スープ、シチュー、蒸し煮——のレシピをマスターすべく、キッチンで奮闘しているからだ。このような料理のほぼすべてが、玉ネギを刻むところから始まる。それは、火で焼く料理と、水——あるいはほかの液体——を使う料理の、違いのひとつだ。煮込み料理はかなり多くの植物——野菜、ハーブ、スパイス——を用い、熱い液体の中で起きる植物どうし、あるいは植物と肉の相互作用に風味が左右される。玉ネギは、同じく香りが強くそれ自体はあまりおいしくないニンジン、セロリ、ニンニク、トウガラシといった野菜と共に、煮込み料理の土台を築いている。煮込み料理はいい意味で家庭的であり、大物をひとつ仕上げるのではなく、こまごました平凡なものを組み合わせてその味わいを出すのだ。

実際、鍋で煮込む料理の風味や文化的な独自性は、みじん切り野菜の組み合わせで決まる。みじん切りの玉ネギ、ニンジン、セロリをバター（あるいはオリーブオイル）で炒めた「ミルポワ」は、フランス料理に欠かせない。一方、玉ネギやニンジンやセロリをみじん切りにしてオリーブオイルで炒め、ニンニク、フェンネル、パセリなどを加えた「ソフリット」はイタリア料理の土台になる。ところが、ソフリット（soffritto）の「f」と「t」をひとつずつ減らした「ソフリート（sofrito）」は、さいの目切りの玉ネギ、トマト、みじん切りのニンニクを炒め合わせたもので、スペイン料理のベースになる（ケージャン料理ではさいの目切りの玉ネギ、ニンニク、ピーマンが、聖なる三位一体である）。一方、アジア料理のベースになるのは、みじん切りのネギとニンニクとショウガだ。インドでは、煮込み料理には通常、「タルカ」を用いる。さいの目切りの玉ネギとスパイスを、澄ましバター（ギー）で炒めたものだ。これらの料理用語や技術になじみがなくても、刻んだ野菜の香りが、自分が世界のどこにいるかを教えてくれる。

しかしどこの料理であれ、それを作ろうとしたら、わたしたちはたくさん刻まなければならない。

そのプラス面は、刻んでいる間、じっくり考えごとができることだ。そして刻みながらわたしが考えていたのは、まさに毎日の料理の「単調さ」である。おもしろいことに、バーベキューを「単調だ」と言う人はいない。戸外で男が火を使って料理するのは、たいてい特別な場合であり、「単調」になりえないのだ。また、そもそも火で焼くことは退屈な作業ではない。細かな作業はないが（レシピは必要ない）、より社交的で大衆的で、パフォーマンスと言ってもいいくらいだ。火！煙！ 肉！――これはドラマであり、単調とは正反対で、さいの目切りやみじん切り等々、細かな作業は求められない。バーベキュー係またはピットマスターが包丁を使うのは、ショーのいちばん最後、肉を切り分けるときだけだ。ゆえに儀式と呼ぶにふさわしいのである。

一方、キッチンカウンターで野菜を刻み、フライパンでゆっくり炒めて液体を加え、鍋に蓋をして何時間も煮込むことに、儀式めいたところは皆無だ。まず、見るものがない（むしろ、見るのはよそう。諺にも「見ている鍋は煮立たない［あせってはだめ、の意］」と言うではないか）。それに、この手の料理は家の中の平凡なキッチンで行われる。儀式どころか、それは正真正銘、「家事」なのだ。

では、あなたは――あるいは、ほかの誰であれ――しなくてもいいのになぜ料理をするのだろう？ 外食したりデリバリーを頼んだり、冷凍庫から「市販の家庭料理」を出して電子レンジで

チンすればそれですむのに。もちろん、そうやって料理を「外注」する人は現在、増える一方だ。料理はもはや義務ではなくなった。これは人類の歴史における重大な転換点であり、その意味をわたしたちは考えはじめたところだ。もう誰も、貧しい人でさえ、玉ネギを刻む必要はない。企業がわたしたちに代わって、喜んで刻んでくれるのだ。しかもたいていは格安で。それは多くの点で——とりわけ女性にとっては——、喜ぶべきことだった。多くの文化圏で、歴史の大半を通じて女性はたくさんの玉ネギを刻んできたのだ。今日、典型的なアメリカ人は日々の食事の準備に二七分しかかけず、後片づけは四分ですませている。わたしが子どもだった一九六五年に料理と後片づけにかかっていた時間の半分以下だ。それでも市場調査によると、今日のアメリカ人が食べる夕食の半分以上は、「家で料理したもの」である。半分というのはかなり多いように思えるが、「料理」という言葉の意味が、近年、大幅に下方修正されたことを知れば納得できるだろう。

わたしはこのことを、長年にわたって食品業界の市場を調査してきたハリー・バルツァーから聞いた。彼ははっきりものを言うシカゴの人間で、料理の今後についてわたしたちは何時間も、時に落胆しながらも、啓発に満ちた議論を楽しんだ。彼は一九七八年からNPDグループという市場調査会社で働いており、アメリカ人の食習慣について三〇年以上研究している。その手段として同社は二〇〇〇人の食事日記からデータを集めているが、数年前、バルツァーは、回答者の料理の定義が非常に緩くなり、ほとんど無意味になっていることに気づいた。

「今日の人々がどんなものを『料理』と呼んでいるかを知ったら、おばあさんはお墓の中で卒倒することでしょう」と彼は言う。「缶詰や冷凍ピザを温めるだけで『料理』したというのだから」。そこで彼の会社は、「料理」という言葉の意味を少し厳しくすることにした。アメリカのキッチンで実際に起きていることを把握するためだ。その定義では、「一から料理する」とは、「材料から集めて」メインディッシュを準備することを意味する。したがってピザを温めるだけでは料理とは言えない。しかし、レタスを洗って市販のドレッシングをかけただけでも料理と見なされる。この寛大な定義（刻むことは必須ではない）では、パンにマヨネーズを塗ってハムやハンバーグをのせただけでも、料理したことになるのだ（家でも外でも、サンドウィッチは現在のアメリカで最も人気のある食べ物である）。そして、少なくともこの緩い基準によると、アメリカ人は今でもきちんと料理をしていることになる。その割合は一九八〇年代以降、確実に低下しているものの、夕食の五八パーセントは、「料理」の基準を満たしているのだ。

消費者行動を研究する人の常で、バルツァーは人間性について、いくぶんひねくれた見方をしている。彼の調査が示唆するのは、人々はますます時間かお金、できれば両方を節約する方向に駆りたてられているということだ。彼は容赦なくこう言い切る。「現実を見るべきだ。わたしたちは基本的にけちで怠け者なのです」。彼に会うたび、わたしは、「一から始める料理」（玉ネギのみじん切りなどから始まる料理）について、彼の調査が語るところを尋ねた。しかし彼は、その言葉に触れようともしなかった。なぜだろう。どうやらそんな料理をする人はあまりにも少なくなり、彼の計測ツールに引っかからなくなったらしいのだ。

「例えば、」とバルツァーは言った。「一〇〇年前、夕食に鶏肉を食べるということは、庭で鶏を捕まえて殺し、羽をむしって内臓を取り出すことを意味していました。今でもそうしている人を知っていますか？　そんなことをしたら、頭がおかしいと思われるでしょう。そう、孫の世代にはまさに料理がそんなふうに思われるのです。裁縫やソックスの繕いと同じく、自分でするしかなかった時代には誰もがしていたことなのに。もう諦めるしかないですね」

おそらくそうなのだろう。だがその前に、しばし考えてみる価値はある。玉ネギのみじん切りのように単調な作業が、義務ではなくなったとたんに、より楽しく、しかしより悩ましいものになるのはなぜだろう。料理がひとつのオプションになれば、人は、料理をしないという選択ができる。それはその人の価値観の現れかもしれないし、単に何かほかのことに時間を使いたいだけなのかもしれない。しかし、家庭料理に多少なりとも価値を認める人にとっては、料理がオプションになったことは、欲求の対立をもたらした。家族が何かを食べるには料理するしかなかった時代には、そのような対立はなかったが、時間をどう使うかを選べるようになると、たちまち時間は足りなくなった。そしてキッチンにいるのが——文字どおりの意味でも、仏教的意味でも——難しくなり、近道のほうが魅力的に思えてきたのだ（なにしろ、みじん切りニンニクの瓶詰めや、あらかじめ刻んである袋入りミルポワさえ売っているのだから）。玉ネギを刻みながら、わたしはいつもこんなことを考えている。

しかし、（食品メーカーやファストフード店のおかげで）料理をしないという選択肢が生まれたことは、裏返せば、歴史上初めて、純粋に楽しみのために料理をするという選択肢が生まれたことを意味する。かつての「仕事」が、今ではレジャーに近くなったのだ。だが、バルツァーはこの見方に懐疑的だ。それは、人々はあまりに怠惰なので、する必要のない仕事をするはずがないと思うからか、それとも、結局彼は食品業界の人間であって、家庭料理の衰退を望んでいるからなのだろうか。もしかすると単に、レジャーとは消費活動であり、生産を伴う活動はレジャーではないという、現代の消費者文化の見方に染まっているだけなのかもしれない。言いかえれば、レジャーとは、ほかの誰かにお金を払って代行してもらうことなどありえない活動（例えばテレビを見たり、読書をしたり、クロスワードパズルを解いたりすること）なのだ。そうでない活動――市場が代行の手段を思いつくあらゆる活動――は「仕事」であって、頭のいい人は、余裕ができればすぐ外注するだろう。

少なくとも経済学者は、仕事とレジャーをこのように相対するものと見ており、それは生産と消費という、同じく対立する枠組みとうまく一致する。だが、おそらくこの考え方は、経済学者、そして消費者資本主義の考え方であって、わたしたちの考えではない。今日の料理――オプションとしての料理――の最も興味深い点は、それが仕事とレジャーの境界、あるいは生産と消費の境界を、あいまいにしていることだ。玉ネギのみじん切りひとつにしても、仏教の教えが説くように、すべては、それを見て経験するあなた次第なのだ。退屈な仕事と見なすか、あるいは、悟りを得るための修行と見なすか。また、時代や状況によっても、行動の意味は違ってくる。一九六〇年代、フェミニスト［女権拡張論者］の多くは、家庭料理は女性差別の一形態だと主張した。一九七〇年代には、ケンタッキー・フライドチキン（ＫＦＣ）が「女性解放」のスローガンを掲げて、ファミリーサイズのフライドチキンを売りだした。当時も今も、確かに「ケンタッキー」は家事を軽減し、とりわけ共働きの家庭では重宝されている。しかしそうした需要はあるものの、今日ますます多くの人（男性も女性も）が、家庭料理——鶏を飼って殺すことまで含めて——を、ＫＦＣなどの企業の影響を断ち切って、生活と文化を立てなおす手段と見なすようになっている。これは興味深い問題を提起する。すなわち、現在、家で料理をすることは、時間の使い方として、進歩なのだろうか、それとも後退なのだろうか。

現時点では、その答えははっきりしない。だからこそ、わたしはキッチンで時間を過ごし、答えを教えてくれそうな料理を学ぼうとしているのだ。それはいわゆる「おばあちゃんの料理」——たいてい玉ネギのみじん切りから始まり、じっくり鍋で煮込み、テーブルに出すまでに二〇分はかかる、かつては日常的だったが、今では特別なものになった料理、である。玉ネギのみじん切りに気持ちを集中させれば、わたしは悟りを開くことができるだろうか（もし開くことができたら、本書の残りのページは白紙になるだろう。そうはならないと思うけれど）。ともあれ、少なくともキッチンになじめるようにはなるだろう。そして料理を終えた先に何があろうと、その輪郭がはっきりしてくるはずだ。

まずわたしは次のことを学んだ。それは、火で焼く料理は、ひとつの基本レシピ（肉＋炭火＋時間）に還元できるが、鍋で煮込む料理もそれは同じだということだ。多種多様な料理本をめくれば、煮込み料理のバリエーションは無限にあるように思えてくる。しかし、シチューや蒸し煮やスープのレシピが一〇〇通りあったとしても、その基本構造は、世界どこでもほぼ同じである。それをごく簡略にまとめたレシピを紹介しよう。水を使う料理のテンプレート、あるいはレシピの原形のようなものだ。

香味野菜をさいの目切りにする
少量の油で炒める
肉（またはほかのメインの材料）をよく炒める
すべてを鍋に入れる
水（またはブイヨン、ワイン、牛乳など）を加える
沸騰させないようにして、長時間とろ火で煮る

このごく簡単なレシピの長所は——少なくともわたしにとって——、料理を作る気力が失せないことだ。レシピの手順が込み入っていると、わたしはやる気をなくしがちだが、この基本レシピを頭に入れておけば、どのバリエーションも、かなり簡単にマスターできる。

また、このようにレシピから細かな部分をそぎ落としていくと、ある種の料理がわたしたちやこの世界について伝えようとしていることが、よりはっきりしてくる。例えば、火を使う料理と、水を使う料理が、自然界と社会についてまったく別の物語を語っていることも、見えてくるのだ。火を使う料理が語るのは、地域社会にまつわる物語と、宇宙の秩序のどこにわたしたちが位置するかについてである。ピットから立ちのぼる煙のようにそれは縦軸に展開する物語で、あらゆる類の英雄的（少なくとも英雄を思わせる）美辞麗句を伴う。ある種の聖職者、儀式、祭壇が存在し、人々は動物の死を真正面から捉え、火という自然界の基本要素（エレメント）をコントロールする。

一方、その太陽輝く世界から離れてキッチンに入り、鍋に蓋をしてぐつぐつ料理を煮込むのは、ホメロス風の叙事詩から小説の世界に入るような感じだ。すべてのレシピが物語を語るとしたら、水という基本要素（エレメント）を用いる料理は、どんな物語を語るのだろう。

Ⅱ　ステップ2――玉ネギとそのほかの香味野菜を炒める

わたしはキッチンで道を見きわめるには助けが必要だと考え、サミン・ノスラットという地元の若い料理人を導師に選んだ。彼女はわたしの教え子だった。五年前、彼女は、カリフォルニア大学バークレー校でわたしが担当していた食物に関する著作のクラスに、聴講生として参加した。その数年前に大学を卒業し、地元のレストランでシェフとして働いていたが、文章を書くことも夢見ていたのだ。際立った個性の持ち主で、たちまち目立つ存在になり、食と料理に関する深い知識をクラスメートに披露した。学生たちは毎週ひとりずつ、おやつ――子どもの頃に好きだったクッキーとか、ファーマーズ・マーケットで買った昔懐かしいお菓子など――を持ってきて、それにまつわる話を紹介することになっていた。その順番が回ってきたとき、彼女は、熱いラザニアの入った角皿をいくつか持って現れた。トマトソースもパスタも一から手作りしたもので、それを陶器の皿に盛り、銀のカトラリーと布ナプキンを添えて、皆に勧めた。そして自分がどのようにして料理を学んできたかを語った。シェ・パニース［サンフランシスコにある有名なオーガニック・レストラン］のテーブル係からスタートし、シェフの見習いを経験した後、トスカーナで二年間、生パスタの作り方や肉の解体を学び、彼女が最も愛する「おばあちゃんの料理」をマスターした。学生たちにとって彼女のラザニアは、その学期でいちばん思い出に残るものだったろう。

「おばあちゃんの料理」という言葉を聞くのは、記憶にある限り、そのときが初めてだった。サミンにとってそれは、家の台所で作られる昔ながらの料理の総称で、その台所は、実際にはサンディエゴにあったが、ほかのあらゆる意味――特に味と香り――においては、テヘランにあった。彼女の両親は一九七六年、革命の三年前にイランからアメリカに移住した。彼女の父親はバハーイー教徒だったので、多数派のイスラム教シーア派による迫害を恐れて逃げてきたのだ。サミンは一九七九年にサンディエゴで生まれたが、両親はいつかイランへ帰るという夢を抱いていて、家庭を、愛すべきイランの領土と見なしていた。したがって、家族は皆、家ではペルシア語を話し、母親はペルシア料理ばかり作った。サミンは母親に、「学校から帰って敷居をまたいだら、もうそこはイランなのよ」と言い聞かされて育った。

移民の子は往々にして、母親が故国の料理をランチボックスに詰めるのを恥ずかしがるものだが、サミンは違っていた。それどころかペルシア料理が大好きだった。香りのよい米料理やカバブ、香料やナッツやザクロの入った、こくのあるシチューなどである。「ある日、学校で、奇妙なランチだと言って、からかわれたけれど、わたしのランチは、ほかの子たちのよりずっとおいしいはずでした。それを侮辱するなんて、許せなかったわ」と彼女は言った。母親は「家の中では必ずズボンを履いていた」が、特別な料理に欠かせないスイートライムや、季節のごちそうにつきもののサワーチェリーなど、故郷の味覚を求めて、南カリフォルニアじゅうを車で走り回った。サミンは大人になると――母親はたまに子どもたちを集めて、レモンを搾らせたり、ソラマメをむかせたりしたが――、料理についてあまり考えなくなった。「でも食べることにはとても興味があったの。母の料理は大好きでした」

料理の道に進むことを思いついたのは、大学時代にシェ・パニースで記念すべきディナーを食べたときのことだった。彼女はその経緯を、わたしの家のアイランドキッチンで野菜を刻みながら、話してくれた。料理を教えてほしいと彼女に頼み、月に一、二度、四時間から五時間のレッスンを受けるようになっていたのだ。当然ながらレッスンはいつもこのアイランドキッチンで始まった。ふたり並んで野菜を刻みながら、おしゃべりをした。すぐに気づいたのだが、おしゃべりは、玉ネギを刻む退屈さをまぎらわす最善の方法だった。

いつものように彼女は白いエプロンのひもを腰で結び、豊かな黒髪を後ろで縛っていた。背が高くがっしりしていて、肌は暖かみのある黄褐色、眉は太く黒く、目鼻立ちもはっきりしている。何ごとにも熱心で、感嘆の表現がうまい。よくしゃべり、よく笑う。そして表情豊かな褐色の目には、常に強い意思が読みとれた。

「シェ・パニースなんて聞いたこともなかったわ。『有名なレストラン』といったものには、それまで縁がなくて。家族でしゃれたレストランに行ったりしなかったもの。でも、大学時代のボーイフレンドがサンフランシスコ育ちで、シェ・パニースと創業者のアリス・ウォータースについて、詳しく話してくれたの。それを聞いて、ぜひ行かなきゃって思ったわ。そこで一年がかりで、ふたりで靴箱に小銭を溜めたの。洗濯物から出てきた二五セント硬貨とか、ふたりで賭けをしたお金とか。一階でコース料理を食べるのに必要な二〇〇ドルが貯まると、土曜の朝に目覚ましをセットして、レストランの受付開始時間に電話をかけたの。どうにか、一か月後の土曜日の夜に予約を入れることができたわ」。

「ディナーは信じられないような経験だった。ぴかぴかに磨き上げられた、暖かなダイニングルーム。こちらはまだ学生だというのに、素晴らしいサービスを受けたわ。刻んだベーコンを散らしたエンダイブのサラダが出てきて、これは何？と思ったのを覚えている。二番目の料理はオヒョウのスープ煮で、オヒョウを食べるのは初めてだったから、ずいぶん戸惑ったわ。いちばん鮮明に覚えているのはデザートよ。チョコレートスフレのラズベリーソースがけだった。どうすればいいかわからなくて困っていると、ウェイターがスフレのてっぺんに穴を開けて、そこからソースを注ぎ込んでくれた。とてもおいしかったけれど、ミルクと一緒ならもっとおいしいんじゃないかと思って、注文したところ、ウェイトレスが笑いだしたわ。ミルクはエチケット違反だと、今ならわかっている――デザートワインを頼むべきよね。でもそのウェイトレスはとても親切で、ミルクを持ってきてくれたわ。続いて、デザートワインも。これは店のおごりだった」

「食事はすばらしかったけれど、あの店のとりこになったのは、サービスが完璧だったからよ。いつかシェ・パニースで働きたいと、心に決めたの。普通の仕事よりずっと特別なものに思えたわ。それに、あの店で働いていれば、いつでもあの素晴らしい料理を食べられるでしょう？」

「そこで、腰を落ち着けて、シェ・パニースの支配人に長い手紙を書いたわ。この人生を変えるほどの食事をどのように楽しんだかを書き、どうかどうかウェイター助手として働かせてほしいと頼んだの。そうしたら幸運にも電話がかかってきて、すぐ採用すると言われたのよ」

　サミンは学校のスケジュールを組み直し、レストランで週に何日か働けるようにした。初日のことは鮮明に覚えている。「案内されてキッチンに入ると、全員が染みひとつない真っ白なコックコートを着て、この上なく美しい料理を作っていたわ。ひとりが時代がかった掃除機の置き場を教えてくれて、わたしはダイニングルームの掃除を始めた。『シェ・パニースの一階のダイニングルームを掃除させてもらえるなんて、信じられない！』と思ったのを覚えているわ。とても光栄だった。毎日、店に行くたびにそんなふうに思ったものよ」

「お気づきでないかもしれないけれど、わたしには強迫神経症的なところがあるの。でも、あの店は、生まれて初めて、スタッフ全員が同じく強迫神経症を病んでいるように思える場所だった。誰もが、自分の仕事に完璧を求めていたわ。ゴミのまとめ方、スフレの作り方、ナイフやフォークの磨き方、どんなささいな仕事もすべて完璧にこなされていて、わたしはようやく居場所を見つけたように思えたわ」

「初めてそれに気づいたのは、ダムウェイター［食品用の小型エレベーター］に料理を載せる方法を教わったときだった。皿の並べ方にきちんとしたルールがあった。熱い料理はサラダと離して置き、スペースをうまく利用して食器が音をたてないように並べていくのよ。あちこちがたがきている、狭く古い建物で、毎日五〇〇人のお客様を迎え、できるだけいい経験をしていただくために、長年にわたってすべてのことが念入りに考えられ、完璧なシステムができあがっていたわ。それはつまり、ひとつでも手抜きをすれば、すべてがめちゃくちゃになるということよ」

「ついに料理を始めたとき、このアプローチは、わたしの食べ物に対する態度そのものになった。わたしにとって料理とは、食材の最も深遠で、最も豊かな味を追求することなの。あらゆる材料から、その最上の味わいを引き出すということに関しては、素材が美しいサーモンであれ、平凡な玉ネギであれ同じよ。そう考えるようになったのは、シェ・パニースでダムウェイターの使い方を教わったあの日がきっかけだった」

レッスンはたいてい日曜で、いつも同じようにして始まった。午後三時頃、サミンがばたばたとキッチンに入ってきて、木綿の買い物袋をいくつか無造作にアイランドキッチンの上に置く。

そこから彼女は布に包んだ包丁とエプロン、料理によっては並はずれた数のスパイスを取り出す。注目すべきは、コーヒー缶くらいの大きさの缶に入ったサフランだ。高価なサフランを、母親が大量に送ってくれたのだと言う。レシピにサフランとあると、彼女はいつも塩のように気前よくサフランを振りかけた。

「わくわくするわ!」エプロンのひもを結びながら、歌うかのようにそう言ってレッスンは始まる。「今日は肉の焼き方を勉強しましょう」あるいはソフリットの作り方。あるいは鶏肉の開き方。あるいは魚のブイヨンの作り方。どんなにありふれた作業でも、彼女は非常に熱心に取り組む。その熱意には伝染力があり、道徳観に近いもののようにわたしには思えてきた。肉に焦げ色をつけるのは、わかりきった作業のようだが、彼女にしてみれば、最大限の注意を払って、熱心に行うべきことなのだ。肝心なのは食べる人がそれをどう経験するか、ということ。また彼女は、肉を提供してくれた動物のことも常に考えていた。それがどの部位であれ、最善の料理に仕上げることによって、敬意を示そうというのだ。さらに彼女は、レッスンごとにテーマを決めていた。メイラード反応、卵とその不思議な特性、乳化の奇跡などなど。一年間で、わたしたちはさまざまなメインの料理、そしてサラダやサイドメニューやデザートを作った。しかし、メインは煮込み料理に落ち着くことが多く、中でも蒸し煮がいちばん多かった。

蒸し煮は、シチューと同様に、肉と野菜(あるいはそのどちらか)を液体の中でゆっくり調理する方法である。もっとも、シチューでは、材料は一口サイズで、液体にすっかり浸かっているが、蒸し煮では、主要な材料は丸ごと、あるいは大きく切り（できれば骨つきのまま）、液体には下だけ浸かる。そうすることで、肉の下部は煮込まれ、上部は茶色に色づき、より豊かで複雑な味わいになる。合わせてソースも濃厚になり、見栄えがよくなる。

彼女とわたしは鴨の脚、鶏のもも、雄鶏、ウサギ、豚や牛の塊肉、子羊のすねと首、七面鳥の脚、そして数々の野菜を蒸し煮にした。それぞれ蒸し煮用の液体が必要で、以下を組み合わせて用いる。赤ワイン、白ワイン、ブランデー、ビール、さまざまなブイヨン（鶏、豚、牛、魚）、牛乳、紅茶、ザクロジュース、出汁（昆布や鰹節からとった日本のブイヨン）、きのこや豆の浸し汁、あるいは水道水。シチューや蒸し煮ではないが、スーゴやラグー［いずれもイタリア料理のソース］、ブイヤベース、リゾット、パエリヤなども原理は同じだ。

蒸し煮はたいてい、みじん切りの玉ネギや香味野菜を必要とするので、サミンが来る前に準備したこともあった。しかし彼女は、わたしが刻んでまな板の上に積み上げた玉ネギとニンジンとセロリの山（山の高さの比は二対一対一にするようにと言われている）をちらっと見るなり、切り直すようにと言った。目が粗いと言うのだ。

「料理によっては、このくらい粗いほうがいい場合もあるけど……」。わたしは黙っていたが、きちんと刻んだつもりものが、「粗い」とは思えなかった。「でも、この料理では材料が見えちゃいけないのよ。すっかり溶けて、目に見えないおいしさの層になってほしいの。……ともかく、もっと小さく刻んでください！」彼女が野菜の山を崩し、大きな包丁の刃元を上下させるのを真似て、わたしもどんどん細かく切っていった。

玉ネギを炒める作業についても、わたしは簡単だと誤解していたのだが、彼女は確固とした考えを持っていた。「たいていの人は、時間のかけようが足りないのよ。急いで炒めようとするから」。これは彼女にとって、かなり不満なことらしい。「玉ネギは食感が残ってはいけないし、完全に透明で柔らかくしなければ。火を弱くして、少なくとも三〇分は炒めてね」。イタリアンレストランで副料理長をしていたとき、彼女の下に一六人の若者が働いていた。「わたしはコンロを順に見て回って、いつもバーナーの火力を下げていたわ。強火で炒めるのは男らしく思えるかもしれないけれど、ミルポワやソフリットはもっとていねいに作らないといけないのよ」

玉ネギを低温で「飴色に」炒めるか、高温で「褐色に」炒めるかで、料理の風味がまったく違ってくる、と彼女は言う。彼女にとって、この件の最高権威は、フィレンツェで働いていた店の料理長、ベネデッタ・ヴィターリである。ヴィターリは、ソフリットついてまとめた、その名も『ソフリット』という本を書いている。「ベネデッタは、料理によって三種類のソフリットを作っていたわ。どれもまったく同じ玉ネギとニンジンとセロリから始めるけれど、炒める時間と火加減によって、浅い色の野菜が残るものから、色の濃いキャラメル化したものまで、まるで違うものになるのよ」（実のところ「ソフリット」には「炒めすぎない」という意味が含まれているのだ）。

フライパンの中で玉ネギから水分が出てくるのを三〇分ほど見ていると、それが少しずつ変化していく様子――不透明から半透明に、つんとした匂いが甘い香りに、シャキシャキからしんなりに——に目を見張るか、あるいは、いらいらしてもう止めたくなるかのどちらかだろう。だがそれはまさに、彼女が教えようとしていたことなのだ。

「素晴らしい料理は三つの『p』からできているの。つまり根気（patience）、存在（presence）、そして練習（practice）よ」とサミンは言う。彼女はヨガを熱心に学んでおり、料理とヨガに求められる精神には相通じる部分があると感じている。玉ネギを刻んだり炒めたりするのは、その精神を磨く最良の機会と言えるだろう。玉ネギを刻む「練習」、じっくり炒める「根気」、電話が鳴ったりぼんやりしたりして、うっかり焦がしてしまわないよう、フライパンから目を離さずそこに「存在」すること。

残念ながらわたしは、どの「p」も容易に身につけることはできなかった。そもそもわたしは辛抱強く物を扱うことができず、また、ひとつのことに気持ちを集中させるのも得手ではない。さらに言えば、緊張しやすく、じっとしているのが苦手なのだ。その緊張は今というより未来に対するもので、普通にしていても、原因がよくわからない不安がぐつぐつと心の底から沸きあがってくる。たとえ命がかかっていても、瞑想などというものはわたしにはできないだろう（もっとも、命がけの瞑想というのは、そもそも間違っていると思うが）。「フロー」という概念——時間を忘れるほど、ある活動に夢中になること——は好きだが、それについてもわたしの経験は限られている。いくつもの巨石がわたしの流れ（フロー）を阻み、水を濁らせたり、耳障りな音を立てたりするのだ。執筆中に、ちょっとの間、フローの状態になることがある。本を読んでいて、そうなることもある。もちろん、眠っているときも――それがフローと言えるかどうかわからないが。だが、キッチンで？　玉ネギを炒めながら？　それは、意識のすべてを集中させるほどの仕事ではない。ゆえに、わたしのネコのように気ままな心は、そこにじっととどまることを拒むのだ。

フライパンで玉ネギがしんなりしていくのを見ていると、もやもやしていたある思いが、はっきりした疑問になった。それは、玉ネギはなぜこれほど広く煮込み料理に使われているかということだ。塩を除けば、玉ネギほど広く用いられる食材は、ほかに思いあたらない。世界中で玉ネギは、（トマトに次いで）二番目に重要な野菜で、野菜が育つ場所ならどこででも栽培できる。では、料理においてそれはどんな役割を果たしているのだろう？　サミンによると、玉ネギなどの香味野菜が広く使われるのは、それらが安く、容易に手に入り、料理のうま味を増すことができるからなのだそうだ。もっと詳しい説明を求めると、彼女は言った。「化学反応が起きるのよ」。わたしはじきに悟ったが、それがキッチンの科学にまつわるすべての問いに対する彼女の答えなのだ。二番目の答えは「ハロルドに聞いてみましょう！」で、それはハロルド・マギーのことだ。マギーはキッチンの科学に詳しいフードジャーナリストで、会ったことはないが、マギーは彼女の宇宙論における神のひとりなのだ。

だが、どんな化学反応なのか？　結局、その科学的な答えはまだ出ていないことがわかった。ミルポワがなぜ料理をおいしくするのかと、わたしはハロルド・マギーに手紙で尋ねたが、彼でさえ、その話題についてはいつになくあいまいだった。それらしい答えとしては、玉ネギとニンジンに含まれる糖分が炒めることによってキャラメル化し、さまざまな風味を生む、というものだ。しかしサミンは（ほかの料理人もそうだが）、ミルポワを焦がさないことを勧める。弱火で（あるいは塩を加えて）じっくり炒めて野菜から水分を引き出し、焦がさないようにするのだ。また、糖類がキャラメル化するというこの見方は、セロリ――大半は水分と食物繊維で、糖質をほとんど含まない――が、ミルポワやソフリットで重要なはたらきをする理由も説明できていない。つまり、香味野菜を炒めることの効果はキャラメル化（あるいはメイラード反応）だけでは説明がつかないが、本当のところはまだ解明されていないのである。

ある日の午後、ミルポワをじっくり炒めていたわたしは、目の前のフライパンの中で何が起きているかを知ろうと、ネットで検索を始め、ついそちらに夢中になって、ミルポワを台無しにしてしまった。そう、一度に複数のことをして、３ｐのひとつである「存在（プレゼンス）」をしそこなったのだ。たぶん「根気（ペイシェンス）」もないということだろう。ともあれ、オンラインの情報はかなり混乱しており、どれも不確かだったが、少なくとも、もっともらしく思えるのは、とろ火でゆっくり加熱すると、野菜の中のタンパク質の長い鎖がばらばらに切れて、アミノ酸になるというものだ。アミノ酸の中には、「うま味」――おいしさという意味の日本語――と呼ばれ、食品をおいしく風味良くする成分（グルタミン酸など）がある。うま味は今では塩辛さ、甘さ、苦味、酸味に次ぐ第五の味覚として認められており、ほかの味覚と同じく、舌にはそれを感じとる受容器がある。

一見何の効果もなさそうなセロリも、食物繊維と水分だけでなく、この「うま味」をもたらしているのかもしれない。ネットサーフィンをするうちに、『ジャーナル・オブ・アグリカルチュラル・アンド・フード・ケミストリー（農業および食品の化学）』誌に掲載された論文にたどり着いた。それは日本の食品科学者のチームによるもので、「Flavor Enhancement of Chicken Broth from Boiled Celery Constituents.（茹でたセロリの成分によるチキンスープの風味増強）」という魅力的なタイトルだった（注1）。その科学者たちは、セロリに含まれるフタリド類という不安定な化合物は、それ自体は味がしないが、チキンスープに加えると甘味とうま味が増すことを報告していた。セロリよ、よくやった！

ぼんやりとながらも、ひとつの理論を得たことにより、根気のいるミルポワ作りが、かなりおもしろく、あるいは少なくとも耐えられるようになった。じっくり炒めることの意味を知ったわたしは、ジュージューという心地よい音――植物の組織から水分が逃げていく音――に、より注意を払うようになった。その音がしなくなると、野菜が十分柔らかくなり、細胞壁を構成する炭水化物（食物繊維）が糖類に分解されたことがわかる。焦がさないのはわたしの役目だ。鍋に肉や液体を入れる前にすでに、煮込み料理の深い味わいや風味が漂いはじめる。それは、とろ火で炒める玉ネギやニンジンやセロリのバランスがもたらすものだということを、わたしは知ったのである。

もうひとつの科学的真実のおかげで、わたしはミルポワやソフリットへの称賛をさらに深め、特に玉ネギに関しては、いらいらがかなり軽減された。それは、料理、特に肉料理に玉ネギを加えると、安全性が増すということだ。一般によく使われるスパイスの多くと同じく、玉ネギ（およびニンニク）は、強力な抗菌性物質を含み、それらは加熱しても損なわれない。微生物学者らは、玉ネギ、ニンニク、各種スパイスは、肉に危険な細菌が増殖するのを防ぐと考えている。赤道に近い地域ほど、それらを多く料理に使いがちなのは、これで説明がつく。暑い地域ほど、肉の腐敗を防ぐのが難しいからだ。冷蔵技術が発達する以前、食品、特に動物の肉の細菌汚染は、深刻な脅威になっていた（インドでは、野菜料理より肉料理により多くのスパイスを使う）。わたしたちの祖先は、試行錯誤を重ねながら、病気を防ぐことのできる植物を見つけていった。そして、玉ネギは、最も抗菌性の高い食用植物のひとつだった。わたしたちがそれを「おいしい」と感じるのは、生き延びるのを助けてくれる分子の味を、舌が学習してきた結果なのかもしれない。

以上のことから、これらの香味野菜を使った料理には、単にそれらの——苦かったり、目に染みたりという——化学的防御策に打ち勝ち、ほかの動物が利用できないカロリーを利用するというだけではない、はるかに巧妙な目的があることが察せられる。玉ネギやニンニクやそのほかのスパイスを使った料理は、言うなれば、生化学的柔術なのだ。わたしたちはまず植物の化学的防御を破ってそれらを食べられるようにし、食べた後はそれらの防御策を活用して——柔術の極意は相手の攻撃を利用するところにある——、ほかの生物（つまり、細菌）から身を守っているのである。

煮込みという形で植物性と動物性の食材を合体させると、それらを別々に火で焼くよりはるかに多くの利があることに、わたしは気づきはじめた。煮込み料理なら、玉ネギやニンニクなどの香味野菜やスパイスの風味と抗菌作用を生かして、肉の味と安全性を高めることができる。それは火で焼く料理では、不可能ではないとしても難しいことだ。ぐつぐつ煮立つ液体の中で、肉と野菜が分子や風味を互いと交換し、最終的に部分の総和をはるかに超えるものができあがる。その産物の中で最もありがたい恩恵は、ソースである。

　煮込み料理は無駄がない。直火料理では失われる肉汁や脂、それに野菜の栄養を、一滴も逃すことなく保つ。また、二級品の肉、あるいは少し古くなった肉でも、おいしい料理ができあがる。肉が少なくても、野菜とソースが加わるので、より多くの人が楽しめる。さらには、肉なしで作ったり、風味づけにほんの少し使ったりということも可能だ。

「これはお金がないときの食べ物ね」と、ある日の午後、サミンは言った。お粗末な子羊の肩肉に包丁を入れていたときのことだ。「蒸し煮は素晴らしい料理法だわ。安い材料でも、しっかりした味の料理ができるから」。実際、最もおいしい蒸し煮やシチューは、「最悪の」肉で作られる。年をとった動物の肉ほど風味が豊かなのだ。また、硬いスジ肉には腱が多く含まれ、時間をかけてじっくり煮ると、柔らかなゼラチンに変わる。

蓋をした鍋——水分を逃がさずに長時間調理するために蓋をする——は、このような料理の素朴さと節約の象徴である。それに比べて、大きな肉を直火で焼くのは、ホメロスの叙事詩のように壮大で、ぜいたくに見える。自分の裕福さや気前のよさ、あるいは狩りの腕前を見せびらかすかのようだ。実際、今のように安い肉が買えるようになるまでは、確かにそのとおりだった。昔から、大きな肉をローストするのが好きなイギリス人は、フランス人の「質素な鍋」を、安い肉を怪しげなソースで隠す料理だと言って見下していた。裕福で、牛や羊を一年中放牧できるほど良い牧草に恵まれていたイギリス人は、火で焼くだけでおいしい上質の肉を簡単に手に入れることができた。一方、あまり裕福でなく、肉の供給にも恵まれなかったフランス人は、キッチンで知恵を絞り、くず肉と根菜と手近にある液体から最良の料理を生み出す技術を発展させたのだった。

今ではわたしたちは、そのような農民の食べ物を、おしゃれで高級だともてはやし、値の張るヒレ肉を直火で焼くのを、大衆向けの質素な食べ物と見なすようになった。時代が変われば、料理のステイタスも変わるものだ。調理時間や技術と、食材の質は、常に反比例する。食材が良ければ、時間や手間をかけなくてもおいしく食べることができ、逆に粗末な食材は、少々の時間と手間をかければ、素晴らしい料理になるのだ。この不朽の公式が意味するのは、調理の技術——具体的には、くず肉やミルポワや質素な鍋の扱い方——を学べば、お金をかけずにおいしい料理が食べられるということだ。その技術があれば、ある程度は自活できる。

そこには肉を食べることや、環境への影響という、倫理的な問題も絡んでくる。若い動物の最上の部位しか食べないというのであれば、より多くの動物を育てて殺さなければならない。現在ではこれが通例になっており、動物にとっても土地にとっても、悲惨な結果を招いている。実際のところ、年をとった産卵鶏の市場はない。それらの調理法を知る人がほとんどいないからだ。したがって、そのほとんどはペットフードや埋め立てゴミになっている。動物を食べるなら、できる限り無駄にしないようにしなければならない。質素な煮込み料理は、それを可能にする。

Ⅲ ステップ3――肉に塩をまぶし、焦げ色をつける

日曜にサミンがくる前に、わたしがすませておこうとするもうひとつの仕事は、肉に塩を振ることだ。これは彼女が非常に重視している作業で、早めに、恐ろしいほどたっぷり振るように、とわたしは指示されていた。「少なくとも、あなたが適当だと思う三倍は使ってね」と彼女は言った（わたしが助言を求めたほかの専門家も、同じ意見だったが、目安は「五倍」だった）。多くのシェフと同じくサミンは、適切に塩を振ることは料理の神髄であり、わたしのような素人は塩の振り方が臆病すぎる、と考えていた。

鍋で料理する方法を学ぶ前、人間は、食物に塩を加えるなどということは、考えなかったに違いない。動物の肉には、わたしたちの体が必要とする塩分が含まれており、焼いても塩分はそのまま残るからだ。ところが、農業が行われるようになり、穀物やほかの植物が食生活の中心になると、食材を煮ることが一般的になり（その過程で塩分が抜ける）、ナトリウム欠乏症になる人

が増えてきた。この頃から、塩――人間が自ら摂取する唯一のミネラル――は欠かせなくなった。しかし現代の食生活はナトリウムが過剰気味で、欠乏症の心配はないというのに、なぜ肉に塩を振るのだろう。ましてこれほどたっぷりと。

それについてサミンは、調理する際に加える塩は、人が食事から摂る塩分のごくわずかでしかないと言った。わたしたちが摂る塩分の大半は加工食品からのもので、標準的なアメリカ人が日常摂取するナトリウムの八〇パーセントを占める。「だから、加工食品をあまり食べないのなら心配はないわ。つまり、塩を怖がるな、ということよ」

慎重に言葉を選びながら彼女は説明を続けた。「塩は食材の風味を引き出し、その質感や見た目をよくするけれど、重要なのは、量だけじゃないの。タイミングも大切で、食材によって、早めに振ったほうがいいもの（肉など）もあれば、調理の途中や、食べる直前に振ったほうがいいものもあって、何回かに分けて塩を加える料理もあるのよ。シチューや蒸し煮にする肉は、塩を振るのが早すぎるとか、多すぎるということはないわ。少なくとも料理の一日前、二、三日前ならなおいいでしょう」

しかし塩を振ると、肉の水分が抜けるのではないだろうか？　確かに、料理するまでの時間が短ければそうなる。塩は筋肉の細胞から水分を引き出すのだ。したがって、料理する時間が迫っているのなら、むしろ塩は振らないほうがいい。しかし、十分早く振っておくと、塩が水分を引き出すにつれて、細胞内に浸透性の真空空間が生じる。そして外部の塩が肉から出た水分で薄まると、この塩分を含んだ液体は（肉にまぶしたスパイスやほかの香味料とともに）肉の細胞に戻り、風味を大幅に向上させる。つまり、早めに塩を振っておけば、肉は塩やそのほかの風味を吸収しやすくなるのだ。

慣れるのにしばらくかかったが、やがてサミンの教えどおりに、豪快に塩を振ることができるようになった。「塩をかける」では、彼女の教えを言い表せていない。かといって、「まぶす」というほどでもない。彼女は、五本の指をクレーンの腕の先のようにして容器に差し入れ、粗塩をつかみ出す方法を教えてくれた。小さな種を蒔くときのように、親指をほかの指にリズミカルにこすりあわせ、肉の割れ目や穴にもかかるようにして塩を振ると、肉全体が均一に塩で覆われた。正直なところ最初は、こんなにたくさん振るのは間違っていると思ったが、できあがった肉は少しも塩辛くなかった。わたしは敗北を認め、今では自信を持ってたっぷり塩を振るようになった。

材料を鍋に入れる前の、最後の重要なステップは、少量の脂で肉に焦げ色をつけることだ。これには二つの理由がある。メイラード反応とキャラメル化によって何百ものおいしい化合物を生成し、料理の風味を増すことと、料理の見た目をおいしそうにすることだ。「焦げ色をつけなければ、肉は風味も色もぼんやりしてしまいます」とサミンは言った。

肉は、煮汁の中ではきつね色にはならない。メイラード反応を起こすには、水の沸点（一〇〇度）より高い温度（少なくとも一二〇度以上）で熱する必要があるのだ。肉に含まれる糖質をキャラメル化するには、さらに高い温度（一六五度以上）が必要になる。水には無理だが、油なら容易にその温度に達する。ゆえに、肉に焦げ色をつける最善の方法は、フライパンに少量の油をひいて炒めることなのだ（オーブンでも焦げ色をつけることは可能で、レストランではよくそうするが、肉の水分が抜けるおそれがある）。

レシピの多くは、きれいな焦げ色をつけるために、肉の外側の水気を叩くようにしてとることを勧める。使う油まで指示するレシピもある。アメリカの家庭にフランス料理を紹介したジュリア・チャイルドは、ベーコンの油を好んだ。これは料理にもうひとつの風味を加えるためだ。サミンとわたしは、ミルポワかソフリットを作る傍ら、別のフライパンで肉に焦げ色をつけることもあったが、まず肉に焦げ色をつけ、肉のうま味が移った油と焦がした肉が少々残るフライパンでミルポワを作ると、風味はさらに豊かになった。

サミンによると、焦げ色をつけるときのコツは以下のとおりだ。肉は大きな塊で、骨つきならなお良い。油は、熱が均等に伝わるよう、フライパンの表面を薄く覆うだけにする。油が多すぎると、肉を揚げることになり、少なすぎると、肉が焦げつく。鋳鉄製のフライパンがベスト。料理が苦くなるので、焦がしすぎないように注意しよう。しかし、肉のどの面もきつね色になるようにする。時間をかけてじっくり焦げ色をつけ、「トーストのようにきれいな」色になったら、すぐ火を止める。

一言で言えば、「根気」よく、フライパンの前に「存在」しつづける、ということだ。

焦げ色をつけているのが鴨の脚であれ、子羊の首、あるいは豚の肩であれ、コツは同じだ。やがてメイラード反応の複雑で魅惑的な香りが、キッチンに漂いはじめる。食欲をそそる肉の香り。素朴で、花の香りにも似た甘い香り。焼いている肉によって、その香りのバランスは違ってくる。焦げ色をつけるのは簡単な作業のようだが、分子レベルではかなり複雑な味わいが料理に加わる。何百もの新しい化合物と、何層もの風味が加わるのだ。さらにもうひとつ加わるものがある。肉をフライパンから取り出した後、少量のワインを注ぎ、沸騰させてアルコールを飛ばしながら、底にこびりついた焦げをへらでこそげてワインに溶かしこむ。これを鍋に加えれば、ミルポワの層とメイラード反応の層の上に、「おいしさのもうひとつの層」ができるのだ。サミンが言おうとしていた、質素な材料からこの上なく深遠で豊かな風味を引き出し、素朴な料理の風味を「作りあげる」ことの意味がわたしにもわかりはじめた。そしてそれは鍋にまだ何も入れてない段階から始まるのである。

Ⅳ　ステップ4――すべての材料を鍋に入れ、蓋をする

一八二二年に、ドイツの美術史家で美食家のカール・フリードリヒ・フォン・ルーモール男爵は、『料理術の精神』という本を出版した。その本の意図は、質素なスープ料理を人類の歴史における画期的な進歩と見なし、その地位を向上させるところにあった。「直火はもうたくさんだ」と男爵は言い切る。「鍋が発明されたことにより、数えきれないほどの自然の産物を食べられるようになった」。直火でただ焼くより、大いに進歩し、可能性が広がった、と彼は綴る。「人間はついに、茹でたり煮込んだりする技術を学んだのだ。そして、動物の肉と、栄養豊かで香り高い植物の産物を一緒に料理して、新たな産物を作り出せるようになった。かくして料理は、あらゆる方向への発展が可能になったのである」

おそらく、こと美食に関して、ドイツ人はフランス人ほど信用されていないせいで、ルーモールは、同時代のフランスの美食家、ジャン・アンテルム・ブリア＝サヴァランほど有名ではないし、

その著書もあまり知られていない。しかし『料理術の精神』は、そこに記される科学と歴史の大半が著者の空想にすぎない『美味礼讃』よりも、ある意味で説得力がある。ブリア＝サヴァランに比べて、ルーモール男爵はしっかりと地に、いやむしろ家庭のキッチンの床に、足を着けていた。そこでは水が火と同じくらい尊重された。実際、彼の料理の定義には水が含まれている。曰く、「料理の発展には熱と水と塩の助けが必要であり、さらには、人間に栄養をつけ、体力を回復させるに向く新鮮でおいしく、栄養価の高い自然の素材が必要となる」。彼が『料理術の精神』を著したのは、「洗練されすぎて大げさなものになっている料理」を、その基本、すなわち単純で素朴な料理に立ち返らせるためだった。その象徴がスープなのだ。

歴史的に見れば、水を用いる煮込み料理は、直火で焼く料理よりかなり遅れて、水が漏れず直火に耐える器が誕生してから登場した。しかし、そのような器がいつ生まれたのかははっきりしない。考古学者の中には、陶器は二万年も前にアジアで出現したと考える人もいる。陶器の鍋は、ナイル川流域、レバント地方、中央アメリカなど世界の多くの場所で、一万年前から七〇〇〇年前までの間に出現する。いずれにせよ、人類が火を使うようになってから何十万年も後のことであり、鍋による料理は、人類が農業中心の生活をするようになった新石器時代に広まったというのが一般的な見方だ。農業と陶芸の技術――どちらも土と火を用いる――には、密接な関係があるのだ。

しかし、鍋が発明されていない頃から、食物を煮ていた可能性は高い。世界中の多くの遺跡で、黒焦げになった石や、焼けた粘土の玉が掘り出されてきたが、それらの目的は長く謎となっていた。

一九九〇年代、アメリカ先住民の若い考古学者、ソーニャ・アタレイが、チャタル・ヒュユクという九五〇〇年前の遺跡を調査していた。トルコ最古の都市のひとつとして知られる遺跡である。そこで彼女は、こぶし大の焼けた粘土玉を何千個も発見した。いったい何のためのものなのか見当がつかず、自分の部族であるオジブワ族の長老のところへ持っていった。すると長老は粘土玉をひと目見て言った。「博士号など持っていなくても、これが料理用の石だということはわかる」

それらの粘土玉について、現在、考古学者らは、火で焼いて、水を張った動物の皮か籠に放り込んだのだと考えている。そうすれば、器をじかに火にさらさなくても水を沸騰させることができるからだ。この方法を今も用いている部族もおり、鍋が出現するよりずっと以前から、人類はそうやって種や穀物や木の実を柔らかくし、毒のある植物や苦い植物を食べられるようにしてきたらしい。

湯を沸かすことにより、特に植物に関して、食べられるものの範囲が大幅に広がった。以前は食べられなかった種、塊茎、豆、木の実などが、柔らかく安全なものになり、人類だけが利用できる栄養源になったのだ。やがて焼き石は陶製の鍋に変わった。アタレイはチャタル・ヒュユクで、この移行の証拠も見つけている。水を漏らさない陶製の鍋のおかげで、より安全かつ容易に食物を煮ることができるようになった。これが、火の使用に次ぐ、料理法の第二の革命である。今回、プロメテウスは登場しない。それはおそらくこの革命が、英雄的というより家庭的な性質のものであったからだろう。

もし鍋が発明されなかったら、農業は今のような進歩を遂げただろうか。人類が栽培してきた重要な作物の多くは、食べるために煮る（あるいは、少なくとも水に浸す）必要がある。とりわけ豆類や穀物はそうだ。鍋は言うなれば第二の胃であり、そのままでは食べられない植物を消化吸収できるようにしてくれる。この粘土でできた胃のおかげで、人類は、乾燥させて貯蔵した種や豆を食べられるようになり、それが人類の繁栄と、ひいては富の蓄積、分業、文明の誕生を導いた。このような発展は通常、農業のおかげだとされているが、鋤と同じくらい、鍋も大いに貢献したのだ。

鍋による調理は人口の増加も招いた。鍋で柔らかく煮たものは、歯のない乳児も食べられるので、子どもの離乳時期が早くなり、その結果、出生率が高くなった。また、同じ理由で、鍋は老人の寿命を延ばした（つまり鍋は、第二の口と見なすこともできる）。このようにして鍋は人々の生活に水を取り込み、狩猟生活から定住生活への移行を助けた。歴史学者のフェリペ・フェルナンデス＝アルメストによると、鍋（とそこから派生したフライパン）の発明は料理の歴史における最大の革命のひとつであり、それに続く革命は、電子レンジの発明だという。

料理の主な形態として、焼くことと煮ることの違いを明らかにするために、クロード・レヴィ

=ストロースはそれぞれを「外料理（エクソクイズン）」、「内料理（エンドクイズン）」と名づけた。レヴィ=ストロースは、わたしたちがこれらの言葉を文字どおりだけでなく、比喩としても捉えることを願っている。と言うのも、彼はそれを食事よりはるかに大きなもの、すなわち、自然およびほかの人々との関係のレシピと見なしているからだ。火で焼く料理は、戸外で肉を炎にさらすだけでなく、その様子を社会にさらすので、ふたつの意味で「外の」料理だと言える。それは男が指揮し、外部の人々も受け入れる公の儀式なのだ。それに比べて「内料理」は、ほとんどが家庭の厨房で、蓋をした鍋の中で行われる。鍋自体、中のものが見えないという点で、家庭と家族を象徴しており、その蓋は、女性が支配する家庭空間を覆う屋根のようなものだ。レヴィ=ストロースは、「男が何かを煮ることはないアメリカ先住民の社会」について記述し、ほかの社会でも、煮る料理は家族の絆を強めるが、焼く料理はしばしば他人を含む客を受け入れ、家族の絆を弱める、と記している。

また、火（とおそらく棒）しか必要としない焼く料理に比べて、煮る料理は未開の自然から遠い距離にある。煮るためには、火のほかに人工物（鍋）が必要とされ、その過程では火と食物の間にふたつのもの――粘土と水――が介入する。また、鍋は、より完全な料理を可能にする。ゆえにアリストテレスはそれを、「生肉に熱を通す方法として」より高度、あるいはより文化的と見なした（もちろんアリストテレスは、じっくり熱を通す南部のバーベキューのことは知らない）。料理が自然のものを文化的なものに変える過程なのだとしたら、焼く料理に比べて煮る料理は、何より血の痕跡を消すことによって、より完全に、動物の肉を様変わりさせる。

食物を煮るのに使った器具は、ていねいに洗ってしまわれるが、肉を焼くのに使った木の枠は、壊されるのが常だった、とレヴィ＝ストロースは述べる。なぜだろう。人々は執念深い動物がそれを使って人間を焼くことを恐れたからだ。この迷信は、焼く料理が暴力や危険により近いということを伝えている。多くの文化が、女性――伝統的に、生命を奪うのではなく与える存在と見なされる――が肉を焼くことを禁じているのは、そのためかもしれない。「煮た食物は命であり、焼いた食物は死である」とレヴィ＝ストロースは書いている。その証拠に世界には「不死の大鍋」が登場する民話はいくつもあるが、「不死の串」が登場するものはひとつもないと彼は指摘する。

鍋と、戸外で使う焼き網の「生存率」の差をもたらすのはそれだけではない。焼き網やほかのグリルの道具を、家に伝わる鍋やサービングスプーンと同じように、ていねいに洗ったり手入れしたりする人がいるだろうか。前者は煤が厚くこびりつくとすぐに捨てられるが、後者は家宝として大切に受け継がれるのだ。

母の料理にまつわる思い出はそれほどないが、わたしがよく思い出すのは、母が青緑色のほうろうびきのキャセロールでビーフシチューやチキンスープを作ってくれたことだ。そのキャセロールは北欧のダンスク社のもので、側面は光沢があって薄いが、存外重いのは鋼鉄でできているからだ。蓋にはX字形の細いハンドルがついていて、ひっくり返すと鍋敷きになる。ほうろうについた傷のひとつひとつが記憶に刻まれており、今でも、まったく同じキャセロールが並んでいても、母のキャセロールを見つける自信がある。

鍋から漂うおいしそうな匂いは、豊かで満足できる料理ができあがりつつあることを約束した。それはやがて家中に行きわたり、夕食の時間が近づくと、キッチンから離れた部屋にいるわたしたちを誘い出した。一九六〇年代の我が家のオール電化のキッチンで、暖かくよい匂いに包まれた鍋は炉のような存在であり、それだけで幸福な家庭を体現していた。

それから五〇年経った今、キッチンの様子を思い浮かべようとすると、最初に脳裏に浮かぶのはコンロの上に載ったこの青緑のキャセロールだ。それが記憶の扉を開き、黄色い磁器製の流し、隅にあった長方形の白いフォーマイカのテーブル、『宇宙家族ジェットソン』に出てくるようなモダンな椅子、壁にかかった黄褐色のダイヤル式電話、その隣に（無分別にも）吊り下げられた鳥籠、そしてはめ殺しの窓と、次々に思い出される。窓越しに見える庭には二股に分かれた樫の大木がそびえ、我が家に優しく枝を差しかけている。夕食の時間になると、母はキャセロールをレンジからテーブルへ運び、鍋敷きに載せて蓋をとり、いい匂いの湯気が立ちのぼる中、一皿ずつ料理をよそってくれた。

表面がまだぐつぐつ煮立っている濃厚なシチューがたっぷり入ったそのキャセロールのような、愛着のある古い鍋は、まるで小さなキッチンだ。その中で、寄せ集めの冷たい材料が温かくおいしい料理に姿を変え、家族の空腹を満たす。ほかに必要なものがあるだろうか。キッチンと同じく鍋にも、その中で調理されてきたすべての料理の痕跡が残っており（迷信かもしれないが）、過去のすべての料理が現在の料理を導き、より良いものにすると言われている。すぐれた鍋は、過去を記憶しているのだ。

また、鍋はわたしたちをもひとつにする。同じ鍋から食べることには、ただ食事を分かち合うというだけでは終わらない深い意味がある。古代ギリシャ人にとって「同じ大鍋から食べること」は運命を分かち合うことを意味した。さまざまな材料を煮込んで、ひとつの忘れられない味にするように、鍋は家族をひとつにするのだ（わたしの姉妹がベジタリアンを宣言して別々の料理を食べるようになるまでは、我が家でもそうだった）。今述べたことはセンチメンタルな追憶のように思えるかもしれないが、もしそうなら、鍋ひとつの夕食を、電子レンジから出てくるような食事と比べてみるといい。ひとり分ずつの料理はそれぞれ異なるターゲットを狙った異なる料理で、同時にできあがることは決してない。コミュニティで起きた料理の最初の革命が、動物の肉を直火で焼くことで、第二の革命が家族をシチュー鍋に集めることであるなら、第三の革命は今も進行中で、それは個人を尊重するものになりそうだ。つまり、「好きなように食べればいい」ということだ。一方、素晴らしい鍋が掲げるモットーは、アメリカのコインに刻まれたものと同じ、すなわち、「E Pluribus unum（多数からひとつへ）」である。

鍋の、人々をひとつにまとめ調和させる力は、家庭に始まるのだとしても、象徴としてのそれは政治的領域にまで及ぶ。古代中国人は、うまく統治された国家を大鍋、特に「鼎（かなえ）」と呼ばれる三本脚の大鍋に喩えた。そのどっしりした鍋の中で、腕のいいシェフ＝役人が腕を振るって、相反するさまざまな意見を、調和のとれたひとつの料理にまとめるのだ。アメリカに目を移せば、「るつぼ（melting pot）」は、鼎と同様に、多種多様な移民の歴史をひとつのアメリカというシチューにまとめる。社会が共有するこのような鍋は、常に個人の味覚あるいは興味を抑えこもうとする。鍋の人気が下り坂で、電子レンジが優勢なのは、そこに原因があるのかもしれない。

しかし鍋で煮込む料理にも暗黒面がある。もうひとつのギリシャの諺、「同じ大鍋で煮る」は、運命を分かち合うことがもたらす不幸を暗示する。また、「魔女の大鍋」などというものもあり、こちらも支配するのは女性だが、心温まる料理とは正反対のものを生み出す。その恐ろしげな鍋で煮込まれているのはいったい何だろう。謎めいたソースの沼の中で泡立っているのは、イモリの目かネズミの尻尾かもしれない。すべての煮込み料理はいくぶん神秘的で、材料の正体は多かれ少なかれ不明瞭だ。子どもがよく言う「よくわからないお肉」は、確かにそうなのだ。

ある古典学者が「ホメロスの形のないものへのおそれ」と呼んだものが真実だとすれば、焼く料理がホメロスの描いた唯一の料理であるのも不思議ではない。蓋をされ、中が見えない煮込み料理には、串に刺した肉のような、アポロン的明快さは皆無だ。鍋は、輪郭のはっきりした明瞭な世界を、暗く流動的で不完全な世界へと変える。鍋から現れるものは、鼻のための食べ物でも、目のための食べ物でもない。それは豊穣と葡萄酒と酩酊の神、ディオニュソスのスープだが、逆に進化し、形を作るのではなくばらばらにする。鍋から食べることには、未知の水に飛び込むという要素がいくらか伴うのである。

あいにくわたしは大鍋を持っていないが、鋳鉄製で頑丈な、青いほうろうのキャセロール二つと、モロッコ製の赤い磁器のタジン鍋を持っている。タジン鍋には、とんがり帽のような蓋がついている。また、最近、粘土製のキャセロールもふたつ買った。コロンビアの小さな村で手作りされている、ラ・チャンバ焼きの黒いキャセロールと、つややかな薄茶色をした、トスカーナ産のテラコッタの浅いキャセロールである。これらがやがて我が家の家宝になることを想像すると、うれしくなる。もっとも、古くなる前に割ったり落としたりしなければの話だが。このような鍋は、日用品としてその生命を得るが、家族の豊かな歴史をその内に積み重ね、やがて、その役割をはるかに超越した存在になるのだ。

これらの鍋の重さと厚さは、スープや豆だけでなく、蒸し煮やシチューにとっても理想的だ。ゆっくり温めて、全体に熱を均等に伝え、穏やかに食材の風味を融合させる。底だけが熱くなって、一部の材料に早く火が通ったり焦げたりすることはない。鋳鉄製のキャセロールは、直接火にかけて肉に焦げ目をつけたり、ソフリットをじっくり炒めたりできる。一方、陶製の鍋の大半はオーブンでしか使えない。これは材料を下ごしらえするのに、鍋かフライパンがもうひとつ汚れることを意味する。粘土製の鍋は最も優しい調理器具で、よく熱を保ち、思い出も保つ。多くの料理人は、年月が経つうちに粘土そのものの風味が深まり、それが料理をよりおいしくする、と言う。陶製の鍋はそのままテーブルに出すことができ、客人が長居しても、中の料理は熱々のままだ。

煮込み料理では、まずミルポワかソフリット（そのほか、レシピに記された野菜）を鍋の底に敷き、より大きな食材のクッションにする。特に肉は鍋の底に直接あたらないようにしたい。こびりついたり焦げたりしやすいし、ほかの材料と混ざりにくいからだ。肉が野菜のベッドの上に具合よく落ち着いてから、液体を注ぎ入れる。それは材料を一体化させる重要な媒体であり、やがてすべての材料と結びついて、その総計をはるかに超えた素晴らしいものになる。すなわちソースである！

Ⅴ　ステップ5——材料を入れた鍋に液体を注ぎ入れる

その液体は、レシピや文化やシェフの好みによって、ワイン、ブイヨン、ピューレ、ジュース、牛乳、ビール、出汁(だし)、水道水など、何になるかわからないが、実のところ、これらはすべて、水、つまりH_2Oと同類で、化学者が「連続相」と呼ぶ状態をとり、そこにほかの分子が散らばって、風味や味を高める。

シチューの物語では、鍋が舞台で、水が主役——ほかの登場人物をまとめて、話を進めていく中心的な役柄——である。中には液体をまったく加えない蒸し煮もあるが、蓋をした鍋でゆっくり加熱していけば必ず肉や野菜から液体が染み出し、それらが水の役目を果たす。

料理における水は創造的である一方、破壊的でもあり、実に変幻自在だ。鍋に閉じ込められた水は、渓谷や海岸を削る水ほどの力があるようには見えないが、そうであったとしてもそのはたらきはみごとである。火にかけられた鍋の中で、水に何ができるかを考えてみよう。

まず、水は火の熱を均一に、効率的に伝える。鍋の底や側面から、中に入っているすべての食材の隅々に熱を伝えるのだ。また水は、乾燥させた種を生き返らせる――文字どおり発芽させることもあるが、少なくとも柔らかくふっくらさせて、食べられるようにする。十分に加熱された水は、食物、特に肉の中の危険な細菌を殺し、野菜やキノコの毒を消す。さらに水は、食材から塩や苦味を浸出させる。鍋の中の水は、野菜、肉、キノコといった分類学的には遠い種をひとつにまとめる。それらは互いに影響し合い、風味や食感が変わっていく。十分時間をかけて熱を加えると、水は野菜と肉の硬い繊維を壊し、食べやすくする。さらに時間をかければ、水はこれらの食材をペースト状にし、ついには栄養たっぷりのおいしい液体にする。「連続相」に別の物質の粒子が分散したのだ。水がばらばらにしたものが、新たな形で再び統合されたのである。

水はひとつの材料から分子を抽出して拡散する。その分子がほかの材料の分子と出会うと、互いの化学結合を壊して新しい結合を構築する。それが新たな香りや風味、栄養素になる。鍋の中で、水は熱を伝えるだけでなく、風味も伝え、スパイスやほかの調味料を全体に行きわたらせる。また、コショウのような刺激性のスパイスの効果を弱め、まろやかにする。つまり、熱と時間を与えられると、水は食材を柔らかくし、混ぜ合わせ、バランスを保ち、調和させ、結合させるのだ。

これだけのことができるのだから、蒸し煮の液体としては水だけで十分ではないかと思えてくる。場合によっては確かにそのとおりだ。実際、サミンは、水道水は蒸し煮の液体として過小評価されていると言う。たいていのキッチンで常識となっているチキンブイヨンは、彼女に言わせれば、使われすぎなのだ（注２）。

「なぜ蒸し煮をすべてチキン味にするのか、わたしには理解できないわ。鶏の蒸し煮なら別だけど」とサミンはある日の午後、モロッコ風のラムシチューをオーブンに入れる準備をしながら言った。その料理には、すでにたくさんの風味がついているはずだった。なにしろミルポワとニンニクを敷いた上に空炒りしたモロッコのスパイスを散らし、さらにその上にオレンジの皮、干しあんず、コリアンダーの茎を並べ、その香り高いベッドの上に、しっかり焦げ目をつけたラム肉を載せたのだから。そういうわけでわたしたちは、ブイヨンを使わず、水と白ワインを注ぎ入れた。

「最終的にこの液体は、こくのあるおいしいものに変わるのだから——チキン味にする必要はありません！」

このラムシチューもそうだが、水は、そのままでは野性的すぎる風味をバランスよく混ぜ合わせて、なじみ深い風味、例えばモロッコ料理の風味へと変える。たいていの人はこのような風味の特徴にすぐ気づき、それによって自分が何を食べているか、それがおいしいかどうかを判断する。人類は雑食性なので、自然が差しだす無数の選択肢から、食べても安全なものと、危険なものを識別しなければならない。そのときに、風味は便利なガイド、つまり実証ずみの感覚信号として役に立つのだろう。ほかの動物は本能的な味覚の好みに導かれて食べ物を選ぶが、人間はある程度、風味に導かれる。すなわち、動物は本能に導かれ、わたしたちは料理に導かれるのだ。

少なくとも、料理研究家のエリザベス・ロジンと、彼女の元夫で社会心理学者のポール・ロジンはそう考えている。「例えば醤油を使うと、それだけですぐ東洋の料理と判断される」とエリザベスは著書『Ethnic Cuisine: The Flavor-Principle Cookbook（エスニック料理――風味原則の料理本）』の中で指摘する。もっとも、醤油の勢力圏には多くの国が含まれる。「醤油のベースに、ニンニク、モラッセ［糖蜜］、ピーナッツ、トウガラシを加えれば典型的なインドネシア料理になる」。そして魚醤やココナッツミルクを加えれば、ラオスの料理になる。「すべての料理には、特徴的な風味の原則がある」と彼女は書いている。ギリシャならトマト・レモン・オレガノ、メキシコはライム・チリ、ハンガリーは玉ネギ・ラード・パプリカ。サミンのモロッコ料理で言えば、クミン・コリアンダー・シナモン・ショウガ・玉ネギ・フルーツである（では、アメリカは？ そう、ハインツのケチャップだ。子どもも親も、ありとあらゆる食べ物をケチャップで母国の味にする。また、現在では、ファストフードの「しょっぱいうま味」もおなじみの風味になった。それは塩、大豆油、そしてグルタミン酸ナトリウムに基づいているようだ）。このような、なじみのある風味の原則に出会うと、自分が何を食べているかがわかるし、それが長年かけて実証された規則に従って作られた料理なので、食べても病気になったり死んだりはしない、と安心することができる。

このような風味の原則は、少なくとも二種以上の香味野菜を含む。それはおそらく、ひとつだけでは、食べ物が危険な自然の王国から安全な調理された世界への旅を完了したことを示せないからだろう。思うにわたしたちは、人類だけが長い経験の末に調合できるようになった風味の組み合わせに惹かれるようだ。ほかの人工物――花瓶であれメロディであれ――に似て、このような組み合わせは、ある種のバランスや対称性――甘味と酸味、あるいは苦味と塩味のバランスなど――を示すときに最もわたしたちの心を惹きつける。

特にわたしたちが作っているモロッコ風シチューのように、より複雑な風味を組み合わせようとするとき、その偉大な指揮者になるのは水である。それは異なる色の糸から、なじみのある模様を織りあげ、全体に統一をもたらす。油も似たようなはたらきをする（それ自体、しばしば風味の原則の重要な要素になる）が、風味の原則においては水こそが基本的な媒体なのだ。実際、舌は、水溶性の分子しか味わうことができない（厳密に言えば、舌の「味覚」は、甘味、塩味、酸味、苦味、うま味の五つに限られる。風味はより大きなカテゴリで、味覚だけでなく、嗅覚も含まれる。したがって風味に対するわたしたちの反応は、遺伝よりも経験に左右される）。

しかし普通の水がこれほど大きなはたらきをするのであれば、なぜ多くの料理が、ブイヨンや出汁といった動物性成分を含む液体に頼るのだろうか。ブイヨンは蒸し煮やシチューやソースに豊かさや強さや「深み」をもたらし、はるかにおいしいものにすると料理人は言うだろう。また「濃度」、すなわち、「こく」ももたらす。「ブイヨンは料理のすべてだ。ブイヨンがなくては何もできない」と、偉大なるフランス人シェフのオーギュスト・エスコフィエは言った。それほど重要な要素を市販品ですますなどというのは問題外だろう。

ある料理のひとつの要素――ブイヨン――が、事実上まったく別の料理――それ自体のレシピ、鍋、液体、香味野菜（なじみ深い玉ネギ、ニンジン、セロリなど）を用いる料理――からなることには興味をそそられる。蒸し煮やソースに加えるためのブイヨン作りは（サミンとわたしもよくそれをするが）、別の料理を一から始めるように思える。なにしろ、再び玉ネギを刻み、肉を炒め、水を加えて煮るのだから。しかし、この繰り返しのプロセスは、料理に深く純粋な風味の層をもたらすようだ。

では、ブイヨンのいったい何が、それを必要不可欠のものにしているのだろう。ブイヨンが煮込み料理やソースに「こく」や「深さ」を与え、「よりおいしく」するというのは、実際のところ、どういうことなのだろう。言いかえれば、「ブイヨン」と呼ばれるこの液体の、何がそんなに特別なのだろう。

思うに、ブイヨンのベースになっている肉（あるいは野菜）の風味以上の何かがあるのではないだろうか。サミンが言うように、チキンブイヨンのチキンの風味は必ずしも望ましいものではないし、完成した料理では気づかれないことも多い。ブイヨンを作るときに、鶏や子牛をよく使うのは、若い骨のほうがゼラチンが多く、料理にこくが生じやすいということに加え、それらは牛や豚ほどには、風味が強くないからだ。しかしそれ以上の何かがあるはずだ。ブイヨンの化学と味覚の生理学をしばらく研究した結果、わたしにとってその謎は、（くだらない喩えで恐縮だが）コンソメのように透明になった。つまり、長時間、弱火で煮たブイヨンが料理に与える最も重要な特性は、魅惑的でいくらか不思議な第五の味覚、うま味なのだ。

うま味は、日本では早くも一九〇八年にれっきとした味覚として認められた。その年、化学者の池田菊苗が、乾燥昆布にできた白い結晶を発見した。昆布は海藻の一種で、グルタミン酸を多く含み、日本では千年以上昔から出汁（だし）の素として使われている。グルタミン酸の風味は独特で、甘味とも酸味とも苦味とも塩味とも違う。池田はこれを「うま味」と名づけた。日本語で「おいしさ」という意味である。今日では、「グルタミン酸ナトリウム」または「ＭＳＧ（Monosodium Glutamate）」として市販されている（注３）。

第五の味覚という見方は、西洋ではなかなか認められなかったが、二〇〇一年にアメリカの科学者たちが、人間の舌にグルタミン酸専用の受容体があることを確認した。今やうま味は、独立した味覚として認められており、グルタミン酸に加え、イノシン酸（魚に含まれる）とグアニル酸（キノコに含まれる）も、うま味成分であることがわかっている。これらが一緒になると、効果は倍増し、うま味が飛躍的に強くなるようだ。

哺乳類で確認されているほかの四つの味覚と同様、うま味の味覚は独立した知覚である。いずれについても、わたしたちは専用の受容体を持っており、それぞれ脳の独立した領域につながっている。したがって、例えば甘味を「学ぶ」、あるいは良いものと認識する必要はない。その味覚は生来のものなのだ。一方、嗅覚はまったく違う。人はおよそ一万種類の匂いを嗅ぎ分けることができ、それぞれの匂いにどう反応するかは、主に個人的、文化的な学習の結果なのだ。

ある文化で「いい匂い」とされているものが、ほかの文化では毛嫌いされることもある——例えばわたしが中国で食べた腐乳の匂いのように。味覚は生まれつきのもので、嗅覚は学んで習得するものであることは、両者を表現する言葉にも表れている。嗅覚は、「……のような匂い」というように、比喩で表現することが多いが、味覚はただ「甘い」「苦い」と表現し、喩えを必要としない。

五つの味覚は、それぞれ人類の生存に役立ったので、進化によって選択された。生きるのに必要な栄養へと導いてくれるか、あるいは、危険なものを摂取しないように導いてくれるのだ。例えば甘味は、エネルギーがぎっしり詰まったもの——糖分——へと導く。塩も必要なので、わたしたちは塩味を好むようになっている。一方、植物の毒素の多くは苦く、赤ちゃんは苦味を感じると、本能的に顔をしかめる（妊婦も、苦い食べ物を拒絶することが多い）。酸味もまた本能的な拒否反応を引き出す。おそらく食物が腐ると概して酸っぱくなり、腐った食物は食べると危険だからだろう（腐乳は腐った豆腐だが）。しかし生来のものだとしても、苦味と酸味への拒否反応は、「くつがえす」ことができる。多くの人は、学習によって、酸っぱい食べ物や苦い食べ物を好きになるのだ。

それではうま味についてはどうだろうか。塩や砂糖のように、うま味は肯定的な反応を呼び起こし、不可欠な栄養素の存在を知らせる。この場合はタンパク質である。奇妙なことに、うま味受容体は舌だけでなく胃の中にも発見された。推測にすぎないが、胃にそれがあるのは、肉を消化するのに必要な酵素やホルモンや酸を体に分泌させるためではないだろうか。うま味受容体を刺激する重要な化学物質は、アミノ酸の一種であるグルタミン酸や、イノシンとグアノシンというヌクレオチドで、すべてタンパク質が分解されるときの副産物である。

長時間弱火で煮込むブイヨンの中ではまさにそれが起きている。肉の、長いタンパク質の鎖が切れて、グルタミン酸をはじめとするさまざまなアミノ酸成分になるのだ。実際、チキンブイヨンにはグルタミン酸がたくさん含まれている。もっとも、グルタミン酸は肉だけでなく、じっくり煮込まれた香味野菜にも含まれる。また肉のブイヨンにはイノシン酸も含まれており、それとグルタミン酸を組み合わせると、相乗効果でうま味は飛躍的に強くなる。

しかしうま味が料理に「肉のような」風味を添えるとしても、肉はグルタミン酸の数多い供給源のひとつにすぎない（「ウマミ」の訳語として「meatiness［肉がたっぷりある］」あるいは「brothiness［肉汁が豊富］」より「savoriness［おいしさ］」がふさわしいと思えるのはそのためだ）。完熟トマト、干しキノコ、パルメザンチーズ、アンチョビ、多くの発酵食品（醤油や味噌を含む）にもグルタミン酸は多く含まれ、ゆえにそれらを料理に加えるとうま味が増す。サミンとわたしが、蒸し煮にしばしば「トマト製品」――トマト缶やトマトペースト――を加えるのもそのためだ。パルメザンチーズの外皮や、干しポルチーニ［キノコの一種］、少量のアンチョビペーストを加えたこともあった（そして時には、ジュリア・チャイルド流にベーコンの脂で肉をこんがりと焼いた。ベーコンはうま味の爆弾で、これまでに確認されたうま味成分をすべて含んでいるのだ）。当時はわたしもサミンも知らなかったが、それらを料理に加えたのは、うま味を増大させるためで、しかも、二種類以上——トマトとパルメザン、ブイヨンと干しキノコなど——加えたのは、うま味の相乗作用という特性を生かすためだったのだ。うま味はほぼすべての蒸し煮やシチューやスープの「秘密」の核心だということをわたしは理解した。

「秘密」としたのは、甘味や塩味や苦味や酸味に比べて、うま味はいくぶん神秘的なはたらきをするからだ。精製されたグルタミン酸ナトリウム（ＭＳＧ）は、特別おいしいものではない。その点では、ほかのどの味覚にも似ていない。うま味の魔法をはたらかせるには、何かと一緒にする必要があるのだ。塩と同じく、グルタミン酸は食物の味を際立たせるが、塩と違ってそれ自体の味をすぐ認識できるわけではない。

うま味にまつわるもうひとつの謎は、それが多くの食物の味だけでなく、質感——もっと正確に言うと、わたしたちがそれを食べた感じ——も変えることだ。スープにうま味を加えると、より「豊か」に感じられるだけでなく、濃度が増したように思えるのだ。うま味には共感覚性があるらしい。うま味は液体を、液体ではなく食物らしくする。味覚を刺激するだけでなく、口や舌の触覚も刺激して、「こく」という幻を感じさせるのである。

うま味の特性について学ぶうちに、日本の伝統的なブイヨンである出汁（だし）について、いくつか実験をしたくなった。煮込み料理にとってうま味がそれほどまでに重要であるなら、それを出汁で作るというのは、試す価値がありそうだ。出汁には可能な限り多くのうま味が含まれ、それ以外のものはほとんど含まれていない。わたしにはそれが料理の原型となる液体のように思えたので、チャレンジしてみたくなったのだ。

うま味の科学を理解しなければ、「出汁」という概念も理解できないだろう。出汁は、干した海藻［昆布］、魚の燻製を削ったもの［鰹節］、干したキノコ［干しシイタケ］で作るブイヨンである。偶然ながら、この三種の材料はそれぞれ、うま味の三つの主要成分の異なるひとつを含んでいる。したがってこの三つを一緒に水に入れると、相乗効果でうま味は大幅に増強される。日本で千年以上にわたって作られてきた出汁は、キッチン・サイエンスの好例で、伝統文化は試行錯誤を重ねることにより、科学がそれを解明するはるか以前に、食物の化学を完成させたのだ。

出汁の実験をするには、サミンの料理の軌道から大きくはずれる必要があった。サミンは東洋の料理についてはよく知らなかったが、それに通じた人を紹介してくれた。シルヴァン・ミシマ・ブラケットという名の、若い日系の料理人である。出汁のとりかたを教えてほしいとEメールで頼んだところ、彼は快諾してくれた。自宅を訪ねると、裏にある改装した狭いガレージに案内された。そこで彼は、電熱器を使って料理をしていた。

シルヴァンは持っているが、アメリカで見つけるのが難しいものは、鰹節、つまり燻製にした鰹である。彼はそれを最近、日本で買ってきた。鰹節は、クルミの木などの硬材を削って作った、おもちゃの潜水艦のようだ。硬くてきめが細かく、木工用のカンナででもなければ削れない。実際、日本では、昔からカンナで鰹節を削ってきた。

シルヴァンは日本の鰹節工場へ行ったことがある。その製造工程は、途方もなく骨が折れる作業なのだそうだ。まず鰹を四つに切り分け、二時間茹でる。その後、せいろに載せて、焙乾室に入れ、ナラの木を燃やした煙で一時間ほど燻し、冷ます。これを最低でも一〇日間繰り返す。乾燥したら、表面を削り、天日に干してから、麹(アスペルギルス・オリザエ)と呼ばれるカビを植えつけ、「カビつけ室(むろ)」に一〇日間入れておく。この工程——削り、天日に干し、カビを植えつける——を三回繰り返し、ようやく鰹節になる。完成したそれは、すっかり乾燥し、岩のように硬くなっている。先にブイヨンについて、料理のひとつの要素が、まったく別の料理——それ自体の複雑なレシピを持つ料理——よって作られると述べたが、鰹節はその極端な例である。

シルヴァンは砥石でカンナの刃を研ぎ、そのカンナでわたしに鰹節を削らせた。鰹節は木よりかなり硬く、削り節の小山を作るのでさえたいへんだった。削り節は、美しいサーモンピンクの木目模様になっている。いったいどういうわけだろう。魚の身と木は、構造が似ているのだろうか。その間にシルヴァンは電熱器をセットし、水を張った鍋を置くと、長さ三〇センチほどの昆布を入れた。昆布とは乾燥させたケルプで、グルタミンを最も多く含む食品のひとつである。袋から出すと、全体が塩で覆われているように見えるが、その白い粉の大半はグルタミン酸ナトリウムだ。彼によると、この昆布は最高級品で、北海道（読者の皆さんはご存じだろうか？）の北の海岸で採れたものなのだそうだ。また彼は、昆布や鰹節の風味を最大限に「抽出」するには、軟水を使ったほうがいいと言った。実のところ「出汁（だし）」とは「抽出」という意味なのだ。

とは言え出汁は、材料の背景は複雑でも、作り方はいたって簡単で、一〇分弱でできあがる。シルヴァンは、昆布を鍋の冷水の中に入れると、沸騰寸前まで加熱し、緑色になり柔らかくなった昆布を箸で取り出した。昆布を入れたまま沸騰させると、出汁が苦くなるそうだ。この時点では、液体はかすかに潮の香りを放っているだけだ。一方、削り節は沸騰した湯で煮出す必要があるので、鍋がぐつぐつ言いはじめると、彼はそれをひとつかみ入れた。ピンクがかった削り節が水面で狂ったように踊り、やがて水を含んで底に沈んだ。五〜六分煮ただけで、シルヴァンは出汁をふきんで濾し、削り節を捨てた。液体は薄いお茶のようで、透き通るような淡い金色だった。液体が冷めるときに、干しシイタケを加えてもよい。以上がすべてである。

できあがった出汁の匂いを嗅ぐと、潮溜まりを思い出した。潮が引いた海岸の、かすかに臭い潮の香りだ。少し冷めたので、指をつけてなめてみた。いくらか塩気があるが、それほど強くない——海を淡水にしたような感じだ。ブイヨンと比べると味は薄く、これをスープとして飲むというのは考えられない。しかしこの淡い色の液体には、水によって抽出された、うま味の三つの主要な成分——昆布のグルタミン酸、鰹節のイノシン酸、シイタケのグアニル酸——が大量に含まれているのだ。

シルヴァンが鰹節と昆布をいくらか分けてくれたので、その後の数日間、わたしは自宅で出汁を作り、いろいろな実験をした。最初に挑戦したのは「つけ汁」だ。小さなボウルに出汁、醤油、みりん、米酢各大さじ一を加え、ひと握りの刻みネギとショウガを少々加えた。すると、驚くべきものができあがった。それにつけると、何でも——チキンの胸肉、そば、豚肉——説明しがたい風味が増し、どういうわけか、純粋にそれ自体の味がしたのだ（そして、純粋に日本の味がした）。続いて、出汁で蒸し煮を作ってみた。最初にビーフのショートリブ、次にポークのロインを煮た。調味料として、醤油、みりん、酢、酒、味噌を加えた。ビーフもポークも、こくのあるおいしい料理になった。サミンと作った蒸し煮よりいくらか軽めだったが、それでもしっかりした風味があった。とはいえ、まだアジア料理以外で出汁を使ったことはない。とんでもない味になるだろうか。わたしにはわからないが、サミンに提案したらきっと彼女は怒るだろう。だが、出汁は風味そのものというより、むしろ素材の風味を強めるものなので、ほかの料理にも合うはずだ。出汁は、料理によって変える必要がない。わたしには出汁は魔法の水のように思えてきた。原料は、水素と酸素とアミノ酸と、誰も知らない何かである。

うま味について調べていて、興味深い事実を発見した。人間の母乳にはこの風味が豊富で、グルタミン酸も多く——偶然にも、出汁（だし）に含まれる量とほぼ同じ割合で——含まれているというのだ。母乳に含まれるものにはすべて進化的な意味があると考えていい。どんな成分でも、それを作ることは母体にとって負担になるので、自然選択は、母乳から乳児の役に立たない成分を排除したのだ。では、グルタミン酸はどんな役に立つのだろう。

妥当と思える説明がいくつかある。カリフォルニア大学デービス校の食品化学者、ブルース・ジャーマンは、人間が必要とする栄養を理解するために母乳を分析しており、グルタミン酸は成長する乳児に重要な栄養を提供すると考えている。この特別なアミノ酸は、風味になるだけでなく細胞の燃料になり、特に乳児の胃と腸にとって価値があるというのが彼の見方だ。ブドウ糖が理想的な脳の食べ物であるように、グルタミン酸は理想的な内臓の食べ物なのだ。わたしたちの胃の中に生まれつき味蕾があり、グルタミン酸を感知できるのは、そのためかもしれない。

母乳のグルタミン酸にはほかのはたらきもある。母乳にふんだんに含まれることにより、赤ちゃんがそれを好きになるよう仕向けているのだ。この嗜好は、人類の適応性を大いに高めた。なぜならわたしたちはタンパク質が豊富な食べ物を必要とするが、うま味への嗜好は、それを見つけたり探したりするのを助けるからだ。

しかしうま味の豊富な食べ物が、プルーストが描く無意識的記憶のように、いちばん最初に口にしたものの記憶をかすかながらもよみがえらせるなどということが、本当にあるのだろうか。あるいは、アイスクリームからチキンスープまで、わたしたちが「心が安らぐ」と感じるたくさんの食べ物が、甘味かうま味、つまり人生の最初に母乳を通して出会った二つの重要な味覚を感じさせるのは、偶然にすぎないのだろうか。

そんなことを考えながら、わたしは最近の日曜の午後、サミンと一緒に、マイアーレ・アル・ラッテと呼ばれる古代ローマの料理——豚肉のミルク蒸し煮——を作っていた。この料理について、わたしはどこか後ろめたいものを感じた。これはまったくもってコーシャーではないが、わたしはユダヤ人でありながら豚肉を食べるし、そのことは自分も周囲も受け入れている。それでもこの料理は、いささか道をはずれているように思えるのだ。「子山羊をその母の乳で煮てはならない」という旧約聖書の教えに、何か実際的な理由があるのではないかと思ったりもしたが、どうやらそうではないらしい。ユダヤの文献の研究者らは、特定のタブーは「戒律」のようなもので、特別な意味はない、と言っている。

わたしはと言えば、コーシャーの規則を、さまざまな領域の間に線引きするためのものと見ている。そういう意味では、生と死の境界ほどくっきりしたものはないだろう。ゆえに、動物の肉のような死の象徴を、母乳のような力強い生の象徴と一緒にしてはならないのだ。また、牛乳で肉を煮ると、狩りという男の領域と子育てという女の領域を混ぜ合わせることになり、それは多くの文化でのタブーとされている。人類学者のメアリ・ダグラスが書いているように、肉と牛乳を混ぜることを禁じる規則は、「生殖機能を尊重する」ためのものなのだ。

だが、現在の状況は違う。そのような疑念をわたしが口にすると、サミンは、「これはわたしのお気に入りの料理のひとつよ」と言った。「確かに奇妙な料理だし、覚悟が必要ね。料理の最中はちょっと気持ち悪いかもしれないから。でも約束するわ。できあがりはとてもしっとりしていて、きっと初めてのおいしさよ！」

料理の液体として見れば、牛乳には難点があり、煮込み料理の中でもこの料理はいちばん注意を要する。牛乳の糖分が鍋底で焦げつくおそれがあるのだ。その一方で、マイアーレ・アル・ラッテは、わたしたちが作った中でいちばん簡単なレシピでもある。実のところ、一文で書ける。豚肉をバターで炒め、牛乳とニンニク数片とセージの葉ひと握りとレモン汁（と皮）を加え、弱火で数時間煮込む。これだけだ。ソフリットはなし？　わたしはサミンに尋ねた。刻んだ玉ネギも？

「なしよ。変でしょう？　きっとこの料理はソフリットが生まれる以前からあったのね。もしかするとエトルリア文明の時代にまでさかのぼるかもしれないわ」

難しいのは、牛乳を沸騰寸前に保つことだ。フランス人が言うように、ブクブクと泡立つ寸前の「ほほえんで」いる状態にとどめなければならない。「見ている鍋は煮立たない」という諺もあることだし、わたしたちは、しばしば蓋を開けて中をのぞいた。しばらくすると牛乳はやや黄ばんで、凝固しはじめた——赤ちゃんの嘔吐物によく似ている。それもそのはずで、どちらも温められた乳が酸にさらされて凝固したものなのだ。鍋は体外の消化器官だという使い古された表現は大げさなように聞こえるが、まさにそれがわたしたちの目の前で起きていた。つまり、鍋の中で牛乳のタンパク質が酸によって壊され、再配列されているのだ。

「ちょっと気持ち悪いわね」とサミンは認めた。「でもこれがまさに望んでいることなの。この凝乳が、ものすごくおいしくなるのよ」

実際、彼女の言うとおりだった。数時間後、その液体はみごとな黄土色になり、金色の凝乳はできそこないのようには見えなかった。レモン味の牛乳は肉のタンパク質を壊して、フォークでつついただけで崩れるほど柔らかくした。肉はサミンが約束したようにしっとりして、おいしくなったが、信じられないほどの変化を遂げたのはむしろ牛乳のほうだった。風味と甘さを何層にも閉じ込めたクリーミーなソースになったのだ。その絹のような液体は、五つの味覚すべてを表現していた。肉の風味の効いた塩味、牛乳の甘味、レモンの皮とセージの葉がもたらす酸味と苦味、そのすべてが分散し、うまく調和していた。ありきたりの材料をほんの数種類——豚肉、ニンニク、レモン、セージ、牛乳——使っただけで、これほど豊かな風味が生まれるとは、聖変化の奇跡「パンと葡萄酒がキリストに変わる」が起きたかのようだった。紀元前二三九年、中国の料理人イ・インは、「鍋の中では、繊細かつデリケートな、驚くべき究極の変化が起きる。言葉では表現しきれない」と、記している。彼も同じような食体験をしたのだろう。

例の少々変わり者のフランスの哲学者、ガストン・バシュラールは、『水と夢』という本を著し、火について精神分析を試みたのと同様に、水とほかの液体を「精神分析」しようとした。その「母性の水と女性の水」と題した章で彼は、「想像力にとって流れるものはすべて、水である」と書いている。「想像される水は常に女性的で、火は常に男性的である」さらに進んで、「水はすべて一種の乳である」と述べるが、直後にこの水を、人間にとって好ましい水に限定している。「より正確には、あらゆる喜びに満ちた飲み物は母乳である」。そして「水は熱心に称賛されると、ただちに乳になる」とまで書いている。

一例として、バシュラールは海水を「栄養に満ちた水」と捉える。海に棲む魚は、液状の媒体（すなわち海水）に分散する脂肪の粒子や栄養物を食べて、羊水に浮かぶ赤子のように、何の苦もなく生きている。「唯物論的に想像すると、水や乳は完全食品である」

この部分を除けば、『水と夢』は、食物についてほとんど何も語らず、シチューやスープについても触れていないが、おそらくそれらは、彼の想像の中では「乳」——胸に抱かれた赤ちゃんのように、魚が必要とするものをすべて得られる、滋養に満ちた海のような媒体——と見なされているのだろう。煮込み料理の液体は、始めは水と同じくらい透明で何も含まないが、やがて材料や風味を分散・吸収するにつれて濁り、色づき、最終的に多かれ少なかれ、乳のようにすべてを含む液になる。少なくともこの文脈に置いてみれば、煮込み料理に起きる変化は、聖変化に相当する。水がワインになるわけではないが、等しく驚くべきことに、水が乳になるのだ。

「石のスープ」という昔話は、このような水が食べ物に変わるという奇跡を語る。何世紀にもわたって似たような話が多くの文化で語り継がれ、文化によって、石は釘だったり、ボタン、あるいは斧だったりする。こんなお話だ。おなかをすかせたよそ者の集団が、空の鍋だけを持って村へやってきたが、村人たちは何も恵んでやろうとしなかった。すると、よそ者たちは、村の広場で鍋に水を張り、石を投げ入れ、沸かしはじめた。村人たちは、何を作っているのかと彼らに尋ねた。

「石のスープだよ」とよそ者たちは答えた。「すぐおいしいスープができあがる。風味づけに、ちょっとしたハーブを分けてもらえりゃあ、もっとおいしくなるんだがなあ」。ある村人がパセリの小枝を与えた。別の村人は、家にジャガイモの皮があるのを思い出し、持ってきて鍋に入れた。また別の村人が玉ネギとニンジンを提供し、さらに別の人が肉をとった残りの骨を差し出した。

鍋が煮立つにつれて、村人たちが次々にやってきて、これを少し、あれを少しと放り込んだ。やがて、滋養にあふれる立派なスープができあがった。そして全員が——村人もよそ者も——座って、一緒にそのごちそうを味わった。

「あんたらには最高の贈り物をもらったよ」と村の長老が言った。「石からスープを作る秘訣だ」

Ⅵ　ステップ6――とろ火で長時間、沸騰させないように煮込む

蒸し煮(ブレイズ)は言葉の響きからして緩やかな展開を暗示し、最後も強い子音で止まるのではなく、「ズ」が次第に小さくなって止まる。そして実際、ブレイズを成功させるには、時間をたっぷりかけること以上に大切なことはない。もっとも、とろ火で煮込む段階は、レシピの最も簡単な段階でもある。根気以外に求められるものは何もないからだ。ある気の利いた料理本には、蒸し煮についてこんなアドバイスが載っている。「できあがったかどうか悩むようなら、それはまだできあがっていません」

しかしたいていのレシピはそのプロセスをはしょり、「二時間程度で料理は完成し、テーブルに出せる」としている。昨今では、「わたしたちの忙しい生活」に合うよう、レシピにもスピードアップが求められるのだ。蒸し煮やシチューの場合それは、一六〇度から一八〇度で調理することを意味する。これは褒められたことではない。その温度では、どれほど脂ののった肉も水分

が抜けて硬くなり、風味が緩やかに変化し混ざり合うこともない。つまり、煮込み料理をおいしくする化学反応と味覚の相乗効果が起きないのだ。蒸し煮や煮込みは時間がすべてであり、そのおおかたは、時間をかければかけるほどおいしくなる（「蒸し煮（ブレイズ）」という言葉は「ブレイザー（brazier）」からきている。それは金属製の簡便な竈（かまど）で、中にダッチオーブン［金属製の厚鍋］を入れ、上と下から炭で熱するので、熱くなりすぎない）。

ハロルド・マギーは、蒸し煮の温度は決して沸点（一〇〇度）を超えないように、と指示する。料理の液体は「ほほえむ」——小さな泡が時々できるが、決して沸騰しない——状態に保ちたい。マギーは、蒸し煮は調理温度を九三度に設定して、蓋をはずして始めるとよい、と書いている。そうすると、中の液体は五〇度前後、お風呂よりやや熱いくらいに保たれる。その温度で二時間加熱すると「要するに、劣化が加速し」、酵素が結合組織を分解し、筋肉が柔らかくなる（しかも肉は、完全に熱が通っていながら、赤身を帯びた色を保つ——ピットマスターが弱火でゆっくり調理した証拠として大切にしていた色である）。その後、鍋に蓋をして調理温度を一二〇度に上げ、肉の温度が八二度になるまで加熱しつづける。調理を始めてから三、四時間かかるが、最終的にコラーゲンがすべてゼラチン化し、肉はフォークで触れただけでぷるぷる震えるはずだ。

初めてわたしがサミンに、今作っている料理はどのくらい時間をかければいいのかと尋ねたとき、彼女はいささか格言じみたことを言った。「肉がリラックスするまでよ」。茹でるにしても焼くにしても、じっくり時間をかけて調理すると、肉には同じ効果が現れる。「肉というのは筋肉だから、加熱するとまずこんなふうに緊張するの」――彼女は肩をすくめ、息を吸ってしかめっ面をした――「でもその後、ある時点で突然ゆるむわ」――肩の力を抜き、息を吐いた――「だから触るとリラックスしているように感じるわけ。そうなったら、完成よ」

今日のレシピに――そして生活に――欠けているのは時間なのだ。今述べた「基本的蒸し煮」がたった二〇分の「実際の調理時間」でできると、今日のレシピ風に言うつもりはない。玉ネギを刻む、ミルポワの水分を引き出す、肉に焦げ色をつけるといった作業に、少なくとも三〇分かかるし、玉ネギをじっくり炒めようとすれば、もっとかかるだろう。しかし、その作業が終われば、後は、鍋を弱火にかけ（またはスロークッカーに全部まかせて）、鍋がのんびりと魔法をかけている間、ほかの用事――副菜やデザートを作ったり、メールをチェックしたり、散歩したり――をすますことができる。しかしスロークッカー（常にそれはひとつの選択肢である）で作っていない限り、そばにいて時々、鍋の中をのぞいてみなければならない。それは、今の人にとっては、かなり難しいことなのだ。少なくともウィークデイはそうだろう。共働きの家庭では、平日の生活のリズムにこのような料理を組み入れるのは、不可能ではないとしても難しい。

さらに週末でさえ、たいていの人は忙しく、料理にあまり時間をかけることができない。見張る必要のないスロークッカーを使ったとしても。そういうわけで、ともかく料理をするのであれば、一〇分や二〇分でできるレシピを新聞から切り抜いたり、高価なひれ肉をグリルで焼いたりする。ジュディスとわたしも毎晩そんな調子だったので、ひとつの料理のためにキッチンで何時間も費やすという考えにわたしが慣れるまで、しばらくかかった。キッチンに入ると、常に心が二つに引き裂かれるように感じる。それはいつも、別の仕事、より差し迫った用事――家の雑用、エクササイズ、読書、テレビ鑑賞など――が待っていて、料理をしなければ、そちらを片づけることができるからだ。しかしサミンと一緒に四時間も料理をすることになっていたので、結局、気がつけば（煮込んだ肉のように）リラックスして、対立する欲望を打ち消し、心を穏やかにして、作業に熱中することができていた。玉ネギを刻むときは、ただ玉ネギを刻んでいたのである。

やがてこの時間はわたしにとって一種のぜいたくとなり、そうなったとき、わたしは料理の作業を心から楽しめるようになった。

このような料理は特別なケースだとあなたは思うかもしれないし、実際そのとおりである。サミンと作った料理はぜいたくな選択肢であって、義務ではなかった。毎日することでもないし、わたしはひとりで料理をしたわけでもない。実のところ、料理には「退屈」という問題がつきまとう。それは、料理が選択肢になるや否や、多くの人が喜んでキッチンを放棄した理由のひとつでもある。料理をひとりで――核家族では主に女性が――するのが当たり前になっている家庭では、その作業は孤独なものになりがちだ。ひとりで料理することは、歴史的に見れば例外だということを忘れてはならない。かつて料理ははるかに社交的な活動だったが、第二次世界大戦後、状況は変わった。多くの人が郊外に引越し、専業主婦のいる核家族が普通になった頃だ。

それ以前は、同居する数世代の女性が一緒に料理をすることが多かった。さらに産業革命以前にさかのぼれば、男性は主に家で働き、男性と女性が協力して（作業の内容は違っていたが）食事をテーブルに運ぶのが普通だった。市場経済や分業体制が登場するまで、家庭は、より自給自足の色合いが濃い単位だったのだ。もっと昔に戻ると、伝統的な小さなコミュニティの中で、女性たちは穀物を臼で挽いたりパンを作ったりといった作業を協力して行っていた。人類学者はそれを「会話サークル」と呼ぶ。今日でも地中海沿岸の村々には、共同で利用するオーブンがあり、女性たちが膨らませたパン生地や、ローストする肉や蒸し煮の鍋を持ち寄り、料理ができあがるまでおしゃべりして時間を潰している。サミンと過ごす日曜もそんな感じだ。じきにジュディスと息子のアイザックもキッチンにやってきて包丁を手に手伝うようになり、滑らかでリズミカルな台所仕事の音に、おしゃべりがほぼ休みなく加わるようになった。

この料理は確かに自由意思によるものだったが、最近ではどんな料理もそうではないだろうか。ファストフードやインスタント食品が安く簡単に手に入るので、料理はもはや義務ではなくなったのだ。貧しい人たちでさえそうだ。わたしたちは皆、料理をするかどうかを決められるようになり、ますます料理をしなくなった。なぜだろう？　つまらないから、あるいは面倒だからと言う人もいる。しかしもっと一般的な答えは、時間がないから、というものだ。

多くの人にとってそれは事実である。近年、アメリカ人は働く時間が長くなり、家で楽しむ時間が短くなっている。一九六七年以降、アメリカ人の年間の労働時間は一六七時間――一か月、フルタイムで働く時間に相当する――増えており、今日では大多数となった共働きの家庭では、その数字はふたり合わせて四〇〇時間に近づいている。現代のアメリカ人は、ほかの先進工業国の人々より年間で二週間以上長く働いている。これはおそらく歴史的にアメリカの労働運動はお金のための闘いであったのに対し、ヨーロッパの労働運動は時間――労働時間の短縮、休暇の長期化――のための闘いだったことによるのだろう。驚くことではないが、家庭料理が重視される国――ヨーロッパの多くの国――の人々は、自由になる時間をより多く持っており、料理に時間をかけることができるのだ。

一般に、女性が外で働くようになったことが家庭料理の崩壊をもたらしたと考えられているが、話はもう少し複雑で、悲惨でもある。確かに外で働く女性は料理にかける時間が短い。だが、実は、働いていない女性もそうなのだ。アメリカでは、外で働く女性も働いていない女性も、食事の準備にかける時間が同じ比率で急激に減少した。一九六五年以降、どちらもおよそ四〇パーセント減少している（注４）。レストランやテイクアウトに頼る比率は、収入とともに増える。夫婦共働きの家庭は単に余裕があるから、料理を企業に代行してもらっていると見ることができるが、余裕のない家庭もすべて、可能な限り企業に料理をまかせるようになっているのだ。皮肉なことに、キッチンで過ごす時間を職場で過ごす時間と交換した女性の多くは、外食産業で働いており、料理をする時間のない家庭のために料理をしている。彼女らは、そうやって給料を得ているが、その給料のかなりの部分が、自分の家族の食事を作ってくれるほかの企業へ流れているのだ。

今は誰かが——特に男性が——家庭料理の衰退を嘆くと、二つの仮定が、語られないまま会話に暗い影を差しかける。最初の仮定は、その衰退に関して女性を「責めている」というものだ。と言うのは、（そしてこれが二つ目の仮定だが）本来、料理は女性の仕事と見なされているからだ。これらの仮定の根拠は容易に察しがつく。昔から家庭の食に関する作業のほとんどを女性が行ってきたので、家庭料理を擁護することは、その役割分担を肯定することになるのだ。だが現在では、昔ながらの性別役割分担を擁護することなく、家庭料理の大切さを訴えることができるはずだ。実際、その議論は、料理は女の仕事という通念に挑むものでなければ——そして男性や子どもの料理への参加を促すものでなければ——発展しないだろう。

とはいえ、料理の衰退は緊張をはらむ問題なので男は口出ししないほうがいいと考える人は多い。しかしその扱いにくさこそが、この問題の核心なのだ。女性が外に働きに出るようになると、ある問題が生じる。それは、家事を誰がするかという問題だ。女性の社会進出は、世界中の食卓に難問を投げかけた。外で働いている女性に、引き続き子どもの世話をし、家の掃除をし、テーブルに食事を出すことを期待するのは、果たして公平なことなのだろうか？（一九八〇年代にある社会学者が、外の仕事と家事労働を合計すると、仕事を持つ女性は男性よりも週に一五時間多く働いている、と推計した［注5］）明らかに家事の分担を再検討すべき時がきたのだ。

これは非常に難しく、気まずい話しあいになりそうだった。できれば避けたいと誰もが思った。そして、わたしたちはそれを避ける方法を見つけた。実際、いくつかの方法があった。余裕のある夫婦は、ほかの女性を雇って、掃除と子どもの世話をしてもらうことによってその議論を避けた。また、誰が夕食を作るか、その仕事をどう分担するかという議論の場に食品産業が割り込んできた。男性、女性、裕福な人、貧しい人、誰にとっても魅力的な提案をひっさげて。曰く、「料理はわたしたちにおまかせください」。

確かに食品メーカーは、料理の代行を世間に認めさせようとしてきたが、それは多くの女性が仕事を持つようになるずっと以前からのことだった。第二次大戦が終わってすぐ、食品産業はアメリカ人、特にアメリカ人女性に、軍隊の食糧として開発した驚くべき加工食品――缶詰、フリーズドライ食品、乾燥ポテト、粉末オレンジジュース、コーヒーなど、きわめて便利なインスタント食品の数々――を買わせようと、攻勢をかけはじめた。ローラ・シャピロが社会史の著書『Something from the Oven: Reinventing Dinner in 1950s America（オーブンから出てくるもの――一九五〇年代アメリカにおけるディナーの再発明）』で詳述しているように、食品産業は「何百万ものアメリカ人に、軍用食に似た食事を永続的に好きにならせること」を目指した。戦後、軍需産業が作った合成肥料や、化学兵器から開発された新しい農薬の導入によって、農業の産業化が進んだが、日々の食事に関しても同様の転換がなされたのだ。

食の産業化は、仕事を持つ女性や、家事労働からの解放を訴えるフェミニストの要求に応えて始まったのではなく、むしろ供給側に導かれて始まった、とシャピロは見ている。食品の加工は、作物を栽培したり、そのまま売ったりするより、はるかに利益になるからだ。つまり、多くの女性がキッチンから出て行く前から、すでに食品産業はキッチンに入り込む戦略を練っていたのである。

ところがアメリカの女性は、仕事を持っていてもいなくても、長年にわたって、加工食品の導入に激しく抵抗した。道徳的な観点から、料理を義務と見なしていたからだ。親としての義務、育児の一部と考えていたのである。ベティ・フリーダンなど、第二波のフェミニスト作家たちは、すべての家事は抑圧の一形態だと書いたが、多くの女性は、料理は別だと考えていた。食品産業の研究者に対しても彼女らは、自分はそれを楽しんでいる、と答えた。作家であり栄養士のジョーン・ガッソーが言ったように、「料理が嫌われている、または嫌われていたという証拠はなく、食品加工業者が――彼らが主張するように――女性たちをその苦役から解放したという証拠は皆無だ」。しかし料理は、嫌な苦役ではなかったとしても、時間が足りなくなり、家事が負担になったときに、市場に委ねやすい仕事のひとつではあった。

実際、第二波フェミニストの多くは、料理の性的役割分担に関して、あいまいな姿勢を保った。

シモーヌ・ド・ボーヴォワールは『第二の性』の中で、キッチンで費やす時間は重圧になることもあるが、「一種の啓示と創造の時間にもなりうる。女性はケーキやサクサクのペストリーがうまく焼けると特別な喜びを感じる。それは誰にでもできることではなく、天賦の才が必要とされるからだ」と書いている。これを、料理は単なる家事ではなく、芸術の一種だとする（実にフランス的な）見方ととることもできるし、女性をキッチンから解放しようとするアメリカのフェミニストが愚かにも踏みつけにした、純粋な知恵として読むこともできる。しかし料理の価値にまつわるこのあいまいさは、興味深い問題を提起する――わたしたちの文化が料理という仕事をそれほど高く評価してこなかったのは、それが本質的にやりがいのないものだからなのか、それとも、昔から女性の仕事と見なされてきたからなのか。

いずれにせよ、料理の衰退に関して、食品産業は――一九七〇年代初頭のアメリカで、ほとんどの女性を労働人口に引き入れる動因になった、家庭収入の減少とともに――、フェミニストの言葉より強い力を発揮したはずだ。もっとも、フェミニストの言葉が助けにならなかったわけではない。それは確かに女性の料理離れを後押しした。とりわけ、食品を売る人々が、女性解放運動の高まりに乗じて商品を売り込もうとする際には役に立った。料理からの「女性の解放」を約束したのは、ケンタッキー・フライドチキンだけではない。食品業界は、それがキッチンと食卓にもぐりこむ助けになるなら、喜んでフェミニストのイデオロギーを身にまとったのだ。

しかし食品産業のフェミニズムの仮面のすぐ下には、反フェミニズムのメッセージが見え隠れしていた。当時も今も、加工食品の広告はもっぱら女性を対象としており、家族に食事を食べさせるのは母親の責任であるという、時代に逆行する考え方を強めている。巧妙な新製品は、料理の手間を少なくしたが、料理は母親がするというのが大前提だったのだ。広告は、時間に追われる生活というイメージも助長し、朝食を作る時間どころか、シリアルをボウルに入れて牛乳を注ぐ時間さえないほど急いでいる家族の姿を描く。彼らに唯一残された選択肢は、バスや車の中で、シリアルバー（合成「牛乳」がまぶされている）を食べることだ（大慌てしているこの一家はなぜ、目覚まし時計を一〇分早くセットしておかないのだろう？）。現代のたいていの広告はそうだが、便利な食品の広告は、不安を煽りながら、その不安を軽減することを約束する。また、食品産業の広告には、男性を完全に責任から逃れさせるという付加価値もある。ベティ・フリーダンが『女らしさの神話』の中で厳しく問いかけた「誰がキッチンにいるべきか？」という挑戦的な問いは、食品産業によってついにその答えを得た。「誰でもない！」と。かくしてわたしたちは、ママとパパの衝突を回避する方法として、食品産業をキッチンに招き入れたのだ。

しかし巧妙で熱心なマーケティングも、料理を外注することへの女性たちの抵抗を減らすのには何年もかかった。まず、缶詰を開けたりミックス粉から料理をしたりすることが「料理」であることを彼女らに納得させなければならなかった。嘘ではない。これがなかなか難しかったのだ。一九五〇年代、水を加えるだけのケーキミックスはスーパーマーケットで人気がなかったが、マーケティング担当者がいいアイデアを思いついた。いくらかの作業——卵を割り入れることなど――を残しておけば、利用者は自分でケーキを焼いた気分になり、料理という道徳的義務を果たしたように思えるのだ。ともあれ、その後数年で、食品科学者がより本物らしく魅力的で新鮮そうに見える食品を作るようになると、そうした抵抗も消えていった。同時に電子レンジが急速に浸透し――アメリカ家庭の電子レンジ所有率は、一九七八年には八パーセントだったが、現在は九〇パーセントである――、「料理」にかかる時間を減らし、家庭料理の代替品の巨大な市場を開いた。

料理を親の義務と見なす考え方がすっかり消えたわけではないが、バルツァーによる調査の結果が示唆するように、「料理をして家族に食事を出すこと」の意味を書き換えようとした食品産業の目論見は、彼らの期待をはるかに超える成功を収めた。今では、人々は何も気にせず、冷凍品のピーナッツバター・ジャムサンドを子どものランチボックスに詰めるようになった。また、家の食品庫や冷凍庫に加工食品が並んでいると、生の食材を買おうとする意欲が徐々に衰えていくことを、バルツァーは発見した。生の食材は、腐る前に料理しなければという、もうひとつの時間のプレッシャーを伴うからだ。冷蔵庫にあるしなびたブロッコリーは「罪悪感」を感じさせるが、冷凍ディナーはいつまでもわたしたちに忠実だとバルツァーは言う。「生は面倒のもと」なのだ。

「わたしたちは百年にわたってパックに入った食品を食べてきました。これからの百年は、パックに入った食事を食べることになるでしょう」とバルツァーはわたしに言った。すでに現在、家庭が支払う食費の八〇パーセントは、農家以外、つまり加工業者や包装やマーケティングに流れている。そして、食費の五〇パーセントは、家の外で作られた料理に支払われる。しかしバルツァーはこの展開を嘆いてはいない。むしろ夕食の産業革命が次にどんな領域を切り開くかを楽しみにしているのだ。

「わたしたちは皆、自分のために料理してくれる人を探しています。次のアメリカの料理人になるのは、スーパーマーケットです。スーパーマーケットからテイクアウトする、それが未来の食事になるでしょう。今、必要とされているのは、ドライブスルーのスーパーマーケットなのです」。

結局のところ、女性は男性をキッチンへ引き入れることに成功したのだ。ただそれは夫ではなく、食品メーカーやスーパーマーケットで働く男たちだった。

時間の問題は、食品産業がくれた一日あたり三〇分の時間で何をするかを考えると、やや違って見えてくる。より長く働くようになった人もいれば、遠距離通勤になり、車に乗っている時間が長くなったという人もいるだろう。買い物――中でもテイクアウトの食事――にもより多くの時間を費やすようになった（わたしたちは、料理をしないためにどれだけ時間を使っているかを忘れている。つまり、レストランまで車を運転したり、注文を待ったりするのにかかる時間は、「食事の準備時間」には入らないのだ）。だが、実のところその三〇分のほとんどは、画面の前で費やされている。テレビを見たり（週平均三五時間近く）、ネットサーフィンをしたり（週一三時間ほど）、スマートフォンでゲームをしたり。ここ数十年間でわたしたちは、忙しい生活の中でどうにかこうにか、毎日二時間ほどパソコンに向かう時間を見つけてきた。相変わらず二四時間しかない一日の、いったいどこにそんな余裕があったのだろう。

そう、わたしたちはマルチタスキング（同時に複数の仕事をすること）がかなりうまくなってきたのだ。それゆえに、時間の使い方を調べる作業は難しくなった。また、マルチタスキングへの流れは、料理にとっては不利になる。玉ネギを刻みながらEメールをチェックするのは、例えばオンラインショッピングをしながら食べたりするより難しいからだ。しかし、なぜわたしたちはそれを料理の美徳と見なさないのだろう。

料理が衰退するにつれて増えてきたマルチタスキングのひとつは、「第二の食行動」と呼ばれる新たな行動様式だ。USDA（米国農務省）の経済学者、カレン・S・ハムリックは、加工食品のおかげで自由になった時間でアメリカ人は何をしているかと尋ねられ、「食べることです。テレビを見ながら、運転しながら、服を着ながら、そのほか、何をしながらでも、彼らは食べています」と答えた。彼女の調査によると、アメリカ人は今では一日に七八分、第二の食行動を行っている、つまりほかのことをしながら飲んだり食べたりしているのだ（注6）。七八分は、「第一の食行動」——すなわち食事——にあてる時間よりも長い。あまり料理をしないことが、より多く食べることにつながるとは誰が予想しただろう。だがそれがまさに起きているのだ。

「第二の食行動」の高まりは、料理をしないことが回りまわって健康に害をもたらすという事例のひとつである。企業や、ハンバーガー屋の一六歳の調理係に料理を外注することで、わたしたちの体と精神の健康は損なわれたのだ。原因は、企業やファストフード店の調理がお粗末だからではない。実際そうだとしても。むしろ、料理に長い時間を費やすことが、その人と家族の食べ方にささやかながらプラスの影響を及ぼしていたからなのだ。

少なくとも、料理に費やす時間と健康とのつながりを調べた近年の研究はそう結論している。二〇〇三年の、デヴィッド・カトラー率いるハーバード大の経済学者グループの研究により、この数十年間のアメリカ人の肥満の増加のほとんどは、家の外で調理された食品の増加によって説明できることがわかった（注7）。大量生産のおかげで多くの食品のコストが下がった。そのコストには購入価格だけでなく、おそらくもっと重要な、それらを作るのに必要な時間も含まれる。

例えばフライドポテトは、昔はあまり人気がなかったが、食品産業が、それを作るのに必要な時間と努力と乱雑さからわたしたちを解放してくれた。同様に、クリームたっぷりのケーキやフライドチキン、タコス、異国風味のポテトチップとディップ、チーズ味のコーンスナックなどが大量生産されるようになり、いつでもスーパーやガソリンスタンドで一ドルそこそこで買えるようになった。その結果、アメリカ人は食欲に駆られて過食しがちになったのである。

経済学は、何かのコストが下がればその消費が増えると教える。そのコストは、お金だけでなく時間によっても測ることができる。カトラーと仲間たちは、食品の「時間的コスト」の減少がわたしたちの食行動にかなりの影響を与えたことを論証している。一九七〇年代以降、わたしたちはそれまでより一日あたり五〇〇キロカロリー多く摂取するようになった。その大半は、家の外で調理された食品（スナックやインスタント食品など）によるものだ。すなわちわたしたちは、自分で食事を作る必要がなくなるにつれて、より多く食べるようになったのだ。料理に費やす時間が半減する一方、食事の回数は増えた。一九七七年以降、わたしたちは一食の約半分に相当する量を以前よりよけいに食べるようになった。そのほとんどは、第二の食行動によるものだ。

カトラーたちは、複数の文化における料理のパターンを調査し、肥満率は料理に費やす時間の長さに反比例にすることを発見した。家で料理する時間が長ければ長いほど、その集団の肥満率は低いのだ。実のところ、肥満率と家庭料理にかける時間の長短との相関は、肥満率と仕事を持つ女性の割合や収入の多寡との相関よりはっきりしていた。ほかの研究は、時間をかけた家庭料理は、社会階級の高さよりもはっきりと、健康的な食生活を予言するという考えを支持している。一九九二年の『米国食品栄養学会』誌の研究により、日常的に料理をする貧しい女性は、料理をしない裕福な女性よりも健康的な食事をとっていることがわかった（注8）。二〇一二年の『公衆栄養学』誌の台湾の高齢者に関する研究は、料理をする習慣と健康および長寿との間に強い相関が見られることを明かした（注9）。

つまり、時間をかけて料理することは非常に重要なのだ。考えてみれば、当たり前のことだ。企業に料理をまかせると、企業は材料をけちって砂糖や脂肪や塩をたっぷり使う。この三つの味覚は、わたしたちが生まれつき好むようになっているものだ。またこれらは格安で、加工食品の欠点をうまく隠してくれる。また、食品産業は、わたしたちが利用できる味や調理法の範囲を広げる。つまりインド料理やモロッコ料理やタイ料理の作り方をわたしたちは知らないが、トレーダー・ジョーズ［スーパーマーケット］はそれを知っているのだ。変化に富むのは良いことのように思えるが、カトラーが示唆するように（そしてビュッフェの食事が証明するように）、選択の幅が広いほど、わたしたちは多く消費する。そのうえ、デザートもある。特別な食事を毎日食べられるくらい安く簡単に作ることができるなら、毎日食べるだろう。料理には手間と時間がかかり、満足の遅延というのがその本質だ。現在ではそうした拘束がなくなり、野放しになった食欲とわたしたちは格闘しているのである。

果たして、わたしたちは戻れるのだろうか。毎日料理するという文化（および、第一の食行動）は、ひとたび壊れた後でも、再建することができるのだろうか。料理を作って食べることを、何百万人ものアメリカ人が――男性も女性も――進んで日々の生活に取り戻さない限り、アメリカ人の食行動・食生活を改善するのは難しい。新鮮で、加工されていない（願わくば、地元の食料経済を活性化させる）ものを食べる、健康的な食生活に戻るには、家庭のキッチンを通っていくしかないのである。

仮にあなたがこの考えに共感したとしても、バルツァーに電話して相談するのはやめておいたほうがいい。

「ありえない」と彼はわたしに言った。「なぜかって？　だってわたしたちは基本的にけちで怠けものだし、料理の技術はすでに失われたからです。いったい誰が料理の仕方を教えてくれるというのです？」

バルツァーは焼きたてのバゲットのように頑なに、この世界と人間の本性を認めるしかないと主張する。少なくとも彼が三〇年を費やした調査のデータによると、それが現実なのだ。しかしわたしは彼に、少しの間だけ、わずかに違う現実を想像させることができた。これはちょっとたいへんだった。と言うのも、大手レストラン・チェーンや食品メーカーを含む彼のクライアントの大半は、アメリカにおける料理の衰退からかなりの利益を得ており、バルツァーらのマーケティングはそれに貢献してきたのだ。しかしバルツァー自身は、企業に料理をまかせると高くつくということを、はっきり認識している。そこでわたしは彼に、理想の世界において、加工食品に頼る食生活が健康に与えたダメージを修復するにはどうすればよいか、と尋ねた。

「簡単なことです。アメリカ人に食べる量を減らしてほしいのでしょう？　ぴったりの方法があある。自分で料理するのです。食べたいものは何でも食べていい。ただし、自分で料理したもの、というのが条件です」

サミンとのレッスンも終わりに近づき、わたしは蒸し煮やシチューをひとりで作るようになった。日曜の午後には、ひとりでさまざまな煮込み料理を作り、冷凍保存した。自家製の調理ずみ食品である。平日の夜は、夕食を作るのに三〇分以上かけるのは難しいので、比較的時間の余裕のある週末にまとめて作ることにしたのだ。食品産業から大量生産のテクニックをいくつか拝借した。つまりミルポワやソフリット用に玉ネギを刻むなら、二、三食分、余分に刻めばいいじゃないかと考えたのだ。そうすれば、鍋や包丁やまな板を洗うのが一度ですむ。こうやって煮込み料理を作るのが、料理のレッスンを通じてわたしが唯一身につけた（費やすお金と時間の両面で）実用的で継続可能な方法である。

サミンが来なくなった後も、日曜はわたしにとって楽しい気晴らしの時間になった。料理を始めると、いつもアイザックがノートパソコンを持ってキッチンにやってきて、わたしが刻んだり炒めたり、味つけをしたりかき混ぜたりしている間、キッチンテーブルで宿題を片づけた。時には、味見用スプーンを持ってコンロまでやってきて、頼みもしないのに味つけのアドバイスをしたりもしたが、たいていわたしたちはそれぞれの仕事に集中し、時おり手を休めておしゃべりするくらいだった。ティーンエイジャーと話すのに最適なのは、何か用事をしているときだということを、わたしは学んだ。キッチンでふたりで過ごした時間は——それはアイザックが家にいる最後の年となったが——、それまで一緒に過ごした中でいちばん楽しく、心安らぐ時間だった。彼も同じように感じていたはずだ。ある日曜日、わたしがスーゴをかき混ぜているときに、電話がかかってきた。少し後で、アイザックと一緒に生パスタを作る予定だった。電話はわたしの両親からで、アイザックが出た。

「こっちは寒くて雨がしとしと降っているけど、家の中はすごく居心地がいいよ」とアイザックが話すのが聞こえた。「パパが料理をしていて、家の中がとてもいい香りなんだ。こんな日曜は最高だよ」

キッチンで過ごす数時間、いつもの短気は薄れ、差し迫っているわけでもない作業に熱中することができた。パソコンの画面の前でウィークデイを過ごした後、手を使う——実際は五感のすべてを使う——仕事は、料理でもガーデニングでも、いい気分転換になった。そのような仕事には、時間の経験を変える何かがあり、今ここに存在するという感覚を取り戻させる。それで仏教徒になるわけではないが、キッチンでは、少しばかり近づいているかもしれない。鍋をかき混ぜるときは、ただ鍋をかき混ぜるのだ。わたしにはわかった。人生の大きなぜいたくのひとつは、一時にひとつのことだけを行い、それに全身全霊を集中させることなのだ。

マルチタスキングならぬ、ユニタスキングである。

Ⅶ　ステップ7――必要に応じて脂をすくい取り、液体を減らす

オーブンから鍋をとりだす

テーブルに運んで取りわける

レッスン終了後に迎えた最初の冬、日曜と平日の何回か、わたしたち家族はさまざまなおいしい煮込み料理を楽しんだ。スーゴをかけた自家製パスタ、ショートリブの出汁煮、ポーク・チリシチュー、鴨脚の蒸し煮、野菜のタジン、コッコーヴァン［チキンの赤ワイン煮］、ビーフシチュー、オッソブーコ［子牛スネ肉の煮込み］などなど。何度か実践するうちに、二時間ほどがんばって「料理」をすれば、後は数時間、ほぼ鍋まかせにしてとろ火で煮込むだけで、三、四回分のおいしくて――言わせてもらえば――格別に素晴らしいディナーができあがることがわかった。食べ残しも数に入る。シチューと蒸し煮は、翌日か翌々日にはさらにとてつもなくおいしくなるのだ。

しかし、ある日曜の午後、アイザックとわたしは、キッチンで作業をしながら、ちょっとした実験を思いついた。その週の後半に、わたしがやってきた料理を真っ向から否定するものを家族で食べようというのだ。すなわち、「電子レンジ・ナイト」である。それぞれが冷凍食品売り場

で最も心ひかれるものを選び、それをディナーにするのだ。どのくらい時間の節約になるのか？　かかる費用は？　どんな食事になるだろう？　アイザックはファストフードへの欲求を満たすチャンスととらえた。わたしはと言えば、ジャーナリストとして好奇心がむずむずしていた。

そして翌日の午後、学校が終わってからわたしたちはスーパーのセイフウェイまで車を走らせ、ショッピングカートを押して、冷凍ディナーが並ぶ冷凍食品コーナーの長く寒い通路を進んだ。選択肢の多さに驚かされた——まったく、呆然とするほどで、選ぶのに二〇分以上かかった——袋入りの中華風野菜炒め、箱入りのインド風ビリヤーニとカレー、フィッシュ・アンド・チップス・ディナー、さまざまな風味のマカロニ・アンド・チーズ、日本風餃子とインドネシア風サテイ、タイ風どんぶり、懐かしのソールズベリー・ステーキ、ローストターキーとフライドチキンのディナー、ビーフ・ストロガノフ、ブリートとタコスとヒーローサンドウィッチ、冷凍ガーリックブレッドとアイスクリームサンド、冷凍バンズにセットされたチーズバーガー。さらに、摂取カロリーを最小限に抑えたい女性のための品や、若い男性向けの高カロリーの品もある（「ハングリーマン」シリーズの宣伝文句は、「一ポンドでたっぷりおいしく」である）。また、家で本物のファストフード・レストランのような食事をしたいと思う子どもたちをターゲットにしたものもあった。ずいぶん前からわたしは、この通路とは縁のない生活をしていたので、冷凍食品がいかに進歩したかを知らなかった。あらゆるジャンルのファストフード、あらゆるエスニック料理、あらゆるレストラン・チェーンの料理、それらとほぼ同じものを、今では冷凍ケースの中に見つけることができるのだ。

ジュディスはわたしたちのディナー計画に賛成したが、買い物にはつきあってくれなかった。彼女のリクエストは冷凍ラザニアで、アイザックは真っ赤な箱のストウファーズのラザニアを見つけた。見た目はまずまず食欲をそそる。この状況で肉を食べることには抵抗があったので、わたしはまずヴィーガン［純粋菜食主義者］向けの「チキン・カチャトーレ」を手にとったが、長ったらしい原材料のリスト――ほとんどが過剰に加工された大豆――を見て、偽物の肉を食べる気がしなくなった。そこで材料がかなりはっきりしているエイミーズの有機野菜のカレーを選んだ。少なくともすべての原材料が見覚えのある食品だった。スーパーマーケットのこの部門では珍しいことだ。アイザックはかなり長く悩んでいたが、彼の悩みは、わたしとは逆だった。食べてみたい魅力的な料理が多すぎたのだ。最終的に、P・F・チャングスの上海風牛肉炒めと、セイフウェイ・オリジナルの冷凍フレンチ・オニオンスープ・グラタンに絞った。両方買ってもいいよとわたしは言った。デザート用に彼が目をつけていた、冷凍のとろけるチョコクッキーも一緒に。

三人分で合計二七ドル。予想より高かった。アイザックの炒め物などは、一人分より多いと書かれていたが、箱の大きさからすると疑わしかった。その週の後半に、わたしはファーマーズ・マーケットへ行き、（穀物ではなく）草で育てられた牛の安い肉数ポンドと、蒸し煮を作るのに十分な野菜を、二七ドルでゆうゆう買うことができた。三人で少なくとも一晩、おそらくは二晩、食べられるくらいの量だ（この場合の変数は、アイザックの食欲である）。つまりわたしたちは、P・F・チャングス、ストウファーズ、セイフウェイ、エイミーズの料理人チームにディナーを作ってもらうために、それなりの代価を支払ったわけだ。

自慢するわけではないが、これらの料理のどれひとつとして、わたしの高まりつつあるキッチンでの自信を損なうことはなかった。確かにわたしは、冷凍庫で何か月ももつ料理をうまく作る方法は知らないし、海鮮醤を小さな茶色いアイスキューブにしておいて、レンジにかけたときにちょうどいいタイミングで溶けて、野菜に絡むようにする方法も知らない。それに、フレッシュチーズとクルトンを逆立てて、円筒形に凍らせたチョコレート色のオニオンスープを飾る方法も、サミンからは習わなかった。

　ではどんな味なのか？　機内食に――それがどんな味だったか思い出せるなら――よく似ていた。料理の種類はずいぶん幅広かったが、それにしては驚くほど似たような味だった。どれも塩辛く、一般的なファストフードの味で、ブイヨンっぽい風味はおそらく「植物タンパク加水分解物」によるものだろう。グルタミン酸ナトリウム――基本的には、うま味を強める安直な方法――を遠回しに言ったものだ。どの料理も、最初の一口はおいしい――「へえ、わりといけるね！」という気になるかもしれない。しかし、二口目、三口目になると、そんな気分は失せる。冷凍ディナーがおいしく感じられる時間は短く、三口目くらいでその味わいは急速に劣化するのだ。

　ああ、ちょっと待って。料理のことを忘れていた。いや、料理をしなかったこと、と言うべきだろうか。わたしもそうだったが、おそらくあなたは、それは取るに足らないことであり、詳しく述べるまでもないだろうと、思ったはずだ。そもそも、人が冷凍ディナーを買うのは料理する必要がないからではないのか、と。だが、それは大きな間違いだった。実のところ、その晩、料理をテーブルに出すまでに一時間近くかかった。ひとつには、電子レンジは一台しかないのに、解凍、加熱しなければならない料理は四人分だったからだ。しかもとろける冷凍クッキーは数に入っていない。それに冷凍フレンチ・オニオンスープ・グラタンのパッケージには、電子レンジはあまり望ましくない、と書いてあった。つまり料理の段階が電子レンジでは一気に進み、スープの中身がごたまぜになってしまうのだ。パッケージに描かれたようなグラタンにしたいなら、オーブン（一八〇度）で四〇分焼かなければならない。四〇分もあれば、一からオニオンスープ・グラタンを作れるではないか！

アイザックが四〇分も待てないと言うので、結局、わたしたちは交代で電子レンジの前に立つことになった。電子レンジの小さな窓の前に立って、冷凍ディナーがゆっくり回りながら解凍されていくのを見ていることほど無益で、いらだたしい時間の過ごし方がほかにあるだろうか。料理をするより簡単かもしれないが、楽しくはないし、いささかの高尚さも感じられない。精神が不活発で、自分にとっても人間性にとっても無益な時間だと思える。

ひとつの料理が温まると、すぐ次の料理と交換したが、四つ目の料理が十分温まった頃には、最初の料理は冷めていて、再び温める必要があった。アイザックは業を煮やし、オニオンスープ・グラタンが冷めないうちに、ひとりで食べはじめていいか、と聞いてきた。電子レンジの出現は、テーブルマナーのプラスにはならなかったのだ。ジュディスのラザニアがレンジから出てくる頃には、アイザックのグラタンはもう容器の底が見えていた。

　こうして電子レンジ・ナイトは、アイザックが幼かった頃から今までいちばん家族がばらばらに食べたディナー、という結果に終わった。三人がテーブルで落ち着くことはなかった。三人揃ったと思っても、すぐ誰かが席を立ち、レンジかコンロを見にいっていたからだ（アイザックは自分の野菜炒めを電子レンジにかけてから、さらにコンロで温めた）。解凍と加熱（再加熱は含まない）にトータルで三七分かかった。それだけの時間があれば、ちゃんとした晩御飯を手作りできたはずだ。冷凍ディナーが人気なのは、料理する時間がないせいではなく、怠惰、技術や自信の不足、違うものをいろいろ食べたいという欲求のせいだというバルツァーの見方があたっているような気がした。まったく時間の節約にはならなかったからだ。

　それぞれが別のものを食べることは、（とりとめもない会話を楽しみながら）一緒に食べるという経験を変えた。まずスーパーマーケットで、食品産業は巧みに家族のひとりひとりに異なる種類の食品を売り込み、わたしたちをばらばらにした。売る側にとってはシェアされるより、個人主義のほうがありがたいからだ。家に戻ってからも家族の分裂は続いた。わたしたちは順番に電子レンジ加熱したり、ばらばらに食べはじめたりした。食卓でも、それぞれ自分の料理に気をとられていた。十分熱くなっているか、本物の料理にどれだけ近づいているか、自分はそれを好きかどうか、と。分かち合うことはほとんどなかった。このようなひとり分ずつの食事は、家族の互いとの距離を広げる。また、その食事の源との距離も広げ、それがどこで何からどんなふうにして作られたかは、想像するしかない。電子レンジ・ナイトはきわめて個人主義的な経験だった。中心から離れようとするエネルギーや、ある種の不透明さを特徴とし、すべて終わるとかなりのゴミが出た。つまるところそれは現代生活にかなり似ていた。

翌日のディナーで、前の日曜に作っておいた煮込み料理を家族で食べようとしていたときに、わたしはそんなことを考えていた。その料理は、サミンのレシピに従って、新しいテラコッタの鍋で、香りのいいスパイスを利かせた鴨を赤ワインで蒸し煮にしたものだ。日曜から冷蔵庫に入れてあったので、簡単に脂を取り除くことができた。その後、オーブンで再加熱した。オールスパイスとジュニパーベリーとクローブの甘い香りが家を満たす頃には、アイザックとジュディスが引き寄せられるようにしてキッチンにやってきた。ディナーができたと呼ぶ必要はなかった。わたしは鍋をテーブルに運び、それぞれの皿によそいはじめた。

その夜、ディナーの席で三人に作用したエネルギーは、電子レンジ・ナイトで放たれたものとはまったく逆だった。熱々でよい香りを放つ鍋そのものが引力を持ち、小さな暖炉のように、そのまわりにわたしたちを集めた。たいしたことではない。平日の夜に、家族がひとつの鍋の料理を分けあって食べているだけのことだ。しかし、家族をばらばらにしようとする個人主義的な力

――パソコンやテレビの画面、消費財、ひとり分のディナーなど――がいくつもはたらきかける家の中で、料理がそんな力を発揮したことに、わたしは改めて驚きを感じた。もちろんそれはどうしてもしなければならないことではない。家族を食べさせるもっと簡単な方法はいくらでもあるのだから。

じっくり時間をかけて作った料理には、急いで食べてしまえないような何かがあり、わたしたちは時間をかけてそれを味わった。アイザックはその日の出来事を話し、わたしたちもそれを彼に話した。その日で初めて、家族全員が同じ場所にいると感じられた。そうした感情をすべておいしい煮込み料理のせいにするのは大げさかもしれないが、ひとつの鍋の料理を分かち合うこと、つまり、平日の夜の鍋を通じたコミュニケーションにそれほどの力はないとするのも間違っているだろう。食事の後、鍋の蓋を開けたわたしはうれしい発見をした。明日のランチの分が残っていたのだ。

原注

＊1 Vol. 56 (2008):512-16

＊2 イタリア出身の料理研究家マルチェラ・ハザンは、その著書において「多くのイタリア料理において、水は幻の材料です」と書いている。「わたしの生徒のひとりが『水を加えるのは、何も加えないのと同じです！』と抗議したことがありますが、だからこそ水を使うのです。イタリア料理は、素材の風味そのものを表現する芸術です。ブイヨンやワインや他の味のある液体を使いすぎると、往々にして、料理に人工的な風味をまぶすことになります」

＊3 ＭＳＧ（グルタミン酸ナトリウム）は、天然の餌（サトウキビの搾りかすなど）を微生物（グルタミン酸生産菌）に与え、発酵させて作る食品添加物である。原材料表示において、グルタミン酸ナトリウムは、「植物タンパク加水分解物」、「酵母エキス」、「自己消化酵母」など記されることもある。

＊4 とはいえ、働いていない既婚女性が料理にかける時間は一日五八分で、働いている既婚女性の三六分に比べてかなり長い。

＊5 Arlie Russell Hochschild, *Second Shift* (New York: Penguin Books, 1989).

＊6 ＵＳＤＡの論文より：二〇〇六～二〇〇八年の一日平均で、一五歳以上のアメリカ人は第二の飲食行動――他のことをしながらの飲食――に七八分費やした。第二の飲食行動は、睡眠と食事を除く四〇〇以上の活動に付随してなされた。中でも多かったのは、テレビを見ることと有給の仕事である。仕事や仕事のための移動も第二の飲食行動を伴いやすい。
http://www.ers.usda.gov/publications/eib-economic-information-bulletin/eib86.aspx.
(*How Much Time Do Americans Spend on Food?*, EIB-86, November 2011.)

＊7 Cutler, David M., et al., "Why Have Americans Become More Obese?," *Journal of Economic Perspectives*, 17 No. 3 (2003): 93-118.

＊8 Haines, P. S., et al., "Eating Patterns and Energy and Nutrient Intakes of US Women," *Journal of the American Dietetic Association* 92 No. 6 (1992): 698-704, 707.

＊９ Chia-Yu Chen, Rosalind, et al., "Cooking Frequency May Enhance Survival in Taiwanese Elderly," *Public Health Nutrition* 15 (July 2012): 1142-49.

械をひんぱんにゆすり、何度も止めて容器の内側をこそげ、野菜が均一にカットされるようにする。セロリと玉ネギからは水分がたくさん出るので、調理前に水気を切ること)。

最後の牛肉を炒め終わったら、鍋に 1/4 インチほど油を入れる(約 1.5 カップものオリーブオイルを入れるので、あなたはぎょっとするかもしれない。ソフリットは「軽く揚げた」という意味だ)。みじん切りにしたソフリット用野菜を加えて中火にする。焦げつかないようかき混ぜながら、野菜が褐色になり、すっかりやわらかくなるまで 50 分ほど炒める。野菜は最初は蒸され、それからジュージュー音を立て始める。焦げそうになったら、塩少々またはおたま一杯の水かブイヨンを加え、火を弱める。

ソフリットができあがったら(急いではいけない!)ワインを注ぐ。そしてとろ火で煮ながら、鍋の底についた褐色のおいしい野菜片を木べらでこそげる。ワインが少し煮詰まってアルコールが飛んだら、焦げ色をつけた肉とサシェ、トマトペースト、パルメザンチーズの外皮(使用する場合)、ローリエ、オレンジピールとレモンピール、ブイヨン約 3 カップを加える。塩で味つけする。沸騰させてから、肉が隠れる程度の牛乳、約 3 カップを加え、とろ火にする。30 ～ 40 分後、牛乳が分解しておいしそうな色になってきたら、味をみて塩味、酸味、甘味、豊かさ、こくを調整する。酸味が足りなければワインを加える。味がぼんやりしていたら、トマトペーストを足して、酸味と甘味をやや強くする。肉がぱさぱさしていたり、こくが足りない時には、牛乳を少し加える。うま味が足りなければブイヨンを足す。

ごく弱火で、時々脂をすくい取り、よくかき混ぜながら、豚肉も牛肉もやわらかくなって風味が溶け合うまで、2 ～ 4 時間煮込む。残りの牛乳、ブイヨンまたは水を加え、ひたひたの状態を保つ(肉がどっぷり浸かってはいけない)。必要に応じて味をみて調味する。すべての味がソースに溶け込むよう、完成の少なくとも 30 分前には、何かを加えるのをやめる。

スーゴのできあがりに満足したら、スプーンかおたまで表面に浮いた脂をすくい取り、スパイスサシェ、パルメザンチーズの外皮、ローリエ、オレンジピール、レモンピールを取り除く。味を見て、最後に塩で調整する。

3. 食卓へ

アルデンテにゆでてバター大さじ 2 をからめたパスタを添えて出す。おろしたパルメザンチーズをたっぷりかける。このレシピではたくさんできるが、これだけ手をかければ、残るのもまたうれしいものだ!

・ニンジン　中３本（約 12 オンス）　皮をむく
・セロリ　中３本（約８オンス）　洗う
・トマトペースト　１カップ
・パルメザンチーズの外皮　適宜
・ローリエ　４枚
・オレンジピール　３インチ　１枚
・レモンピール　３インチ　１枚
・牛か子牛か鶏のブイヨン　３〜４カップ　できれば手作りで
・味つけ用塩
・全乳　３〜４カップ

●盛りつけ用
・ゆでたパスタ
・バター
・パルメザンチーズ

1. サシェを作る

クローブ、シナモン、コショウの実、ジュニパーベリー、オールスパイス、ナツメグを一緒にガーゼで包み、糸でしばる。

2. スーゴを作る

大きな鍋、あるいはフライパン（大きいほどよい）を強火にかけ、オリーブオイルをひく。豚肉を一度に 1/3 から 1/2 入れる。そうすれば鍋にスペースができる（たくさん入れると、炒めるというより蒸したようになる）。木べらで肉をほぐしながら、ジュージューと焼き音がし、褐色になるまで炒める（肉には味つけしない——塩が水分を引き出し、褐色に焼けるのを妨げるので）。穴あきスプーンで豚肉を大きなボウルに移し、脂は鍋に残しておく。必要に応じてさらに油をひき、残りの豚肉と牛肉を同様に炒めていく。（鍋の底についた肉片が焦げだしたら、少量の赤ワインを流し入れ、木べらでこそげる。うま味を溶け込ませたワインを肉の入ったボウルに移した後、鍋を拭きとって油を足し、また肉に焦げ色をつける）。

肉を炒めている間に、ソフリットを作る。包丁かフードプロセッサで、玉ネギ、ニンジン、セロリを別々に、ごく細かなみじん切りにする。できあがったときに、材料が見えないようにしたい（フードプロセッサを使う場合、機豚の肩肉を割くか粗みじんにし、白飯、レタスを添える。レタスで肉と白飯を巻いて、和風ソースをつけて食べるよう勧める。

❷水　ミート・スーゴとパスタ

サミン・ノスラットのスーゴのレシピ。昔ながらのイタリアのミートソースで、地域によってボロネーゼ、あるいはラグーとも呼ばれる。一見、蒸し煮には見えないかもしれない——蒸し煮の特徴である塊肉を含まない——が、原理は同じである。つまり、みじん切りの玉ネギ、ニンジン、セロリと、焦げ色をつけた肉を、液体の中で長時間ゆっくり煮込むのだ。このレシピで作ると数時間かかるので、わたしはいつもたくさん作り、一部を容器に入れて冷凍している。サミンのレシピは豚肉と牛肉を用いるが、鶏肉、カモ、ウサギ、あるいはジビエ（猟獣）など、何の肉でも作ることができる。

実際の調理時間：約３時間
作業全体の時間：５〜７時間

●スパイスサシェ（袋詰めにしたスパイス）
・クローブ（ホール）　３個
・シナモンスティック　２〜３センチ
・ブラックペッパー　小さじ１
・ジュニパーベリー（ホール）　小さじ１
・オールスパイス（ホール）　小さじ1/2
・おろしたてのナツメグ　小さじ1/4

●スーゴ
・ピュアオリーブオイル（エキストラバージンでないもの）　２カップ
・骨なし豚肩肉（できれば肉屋に頼んで直径１センチのあらびきにしてもらう）３ポンド
・牛肉、子牛肉、またはその組み合わせ（チャックやラウンドなど、蒸し煮に適した部位）をあらびきにしたもの　３ポンド
・辛口赤ワイン（750ml）　１本
・レッドオニオン　中４個（約２ポンド）　皮をむく

上記のレシピのとおりだが、ビネガー・バーベキューソースは加えない。代わりに、出汁ベースのショウガと青ネギのソースを添える。このソースは味が馴染むのに時間がかかるので、料理を出す数時間前に作っておくこと。

●アジア風ソース

出汁

・昆布　7インチのもの3枚
・冷水6カップ
・削り節　1オンス
・あれば　干シイタケ　一個

ソース

・冷えた出汁　2カップ
・ネギの小口切り　1/4カップ
・コリアンダー（生）の粗みじん　1/4カップ
・米酢　1/4カップ　（リンゴ酢、梅酢でも可）
・醤油　大さじ3
・ショウガのみじん切り　大さじ2
・みりん　大さじ2
・熱したゴマ油　小さじ1/2
・唐辛子粉（好みに応じて）

1. 出汁を作る

中くらいの鍋に水を入れ、昆布を1～2時間浸す。

鍋を火にかけ、沸騰直前に昆布を引きあげる。削り節をその鍋に入れ、沸騰したら、火を弱めて1分ほど煮だす。鍋を火からおろし、（ここで干しシイタケを鍋にいれてもよい）そのまま10分ほどおく。

ボウルの上に布巾を載せたザルをセットし、出汁を濾す。最後に布巾で鰹節をよく絞る。鰹節は捨てる。出汁は冷蔵庫で1週間保存できる。

2. 和風ソースを作る

中くらいのボウルで、出汁、コリアンダー、ネギ、酢、醤油、ショウガ、みりん、ごま油、粉唐辛子を混ぜる。味をみて、酢、醤油、粉唐辛子で整える。食べる2、3時間前に作っておく。

る数分前にスモーカーボックスを熱源のすぐ上に置く（スモークは焼き始めに用いるのが効果的）。肉をアルミ皿の真上にくるよう、焼き網に載せる。

グリルに蓋をして、4～6時間、肉をローストする。時間は肉の量、グリルの状態、加熱温度によって異なる。温度は低いほうが望ましいが、その分、時間がかかる。何度に設定したとしても、150℃以上あるいは90℃以下にならないよう、頻繁にチェックすること。肉の中の温度が90℃になったらできあがり。焼き始めに肉の温度が急上昇し、その後65℃前後で長く（時には数時間も）変わらなかったとしても大丈夫。この時間は「ストール」と呼ばれる。辛抱強く90℃に上がるのを待とう。肉に触ってみて「リラックス」しているかどうか、フォークで簡単に裂けるかどうかを調べ、まだだったら、もう30分ほど焼き続ける。

ここまで焼くと、肉は濃い褐色になっているはずだが、焼き色が浅いようなら（皮つきの場合は、皮がぱりぱりしていないようなら）温度を260℃に上げて数分焼く（焦げないよう、目を離さないこと）。その後、グリルから肉を出し、20～30分、休ませる。

2. ビネガー・バーベキューソースを作る
レシピのビネガー、水、砂糖、塩、粉唐辛子、コショウを、中くらいの大きさのボウルに入れ、砂糖と塩が溶けるまでよく混ぜる。

豚の肩肉をフォークで裂くか、包丁で粗く刻み、（あれば）刻んだクラックリングを混ぜる。そこにビネガー・バーベキューソースをたっぷりかける。味をみて、足りないようならビネガーや塩を足す。残りのソースはピッチャーに入れて肉とともにテーブルに出す。やわらかなロールパンを添える。コールスローや、豆、ライスもよく合う。

！注意
スモーカーボックスがない場合は、アルミの浅皿に小さな穴をたくさんあけたもので代用できる。

＊ 応用

ソースを変えるとアジア風になる。

以下はデヴィッド・チャンのレシピを応用したもの。出汁のレシピは、シルヴァン・ミシマ・ブラケットから教わったもの。肉の下ごしらえと焼き方は

❶ 火　豚の肩肉のバーベキュー

実際の調理時間　40 分
作業全体の時間　4 ～ 6 時間（肉は下味をつけておく）

●肉
・5 ～ 6 ポンドの豚の肩肉（肩ロース）。できれば骨と皮がついているもの
・コーシャーソルト（粒子の粗い精製塩）小さじ 2
・グラニュー糖　小さじ 2
・ヒッコリー・チップ　2 カップ（他の木のチップでも可）[※アメリカの 1 カップは約 240ml]
・使い捨ての浅いアルミ皿
・スモーカーボックス（注を参照のこと）

●ビネガー・バーベキューソース
・アップルサイダービネガー　2 カップ
・水　1 カップ
・ブラウンシュガ―　1/4 カップ
・細かな海塩　小さじ 2 強
・粉唐辛子　小さじ 4
・挽きたてのコショウ　小さじ 1

1. 豚肉の下ごしらえ
小さなボウルに砂糖と塩を入れてよく混ぜる。肉を焼く 1 ～ 3 日前に、それを肉全体にまんべんなく、たっぷりまぶす（肉 1 ポンドあたり小さじ 2 が適量）。幸運にも皮つきの肩肉が手に入った時は、皮に 1 インチ間隔の格子状に切り込みを入れる。切れ目の中にもこの砂糖＋塩をすりこむ。その後、ラップにくるんで冷蔵庫に入れる。焼く前に冷蔵庫から出し、室温に戻しておく。

ガスグリルでスモークの準備をする。ウッドチップを 30 分ほど水に浸し、水を切る。

グリルの焼き網の下に使い捨てのアルミ皿を置く。その皿に水を半分ほど張る。肉汁を受け、グリル内を湿った状態に保つためだ。バーナーの温度を 90 ～ 150℃に設定する。炎がアルミ皿に直接あたらないよう気をつける。

水を切ったウッドチップをスモーカーボックスに入れる。焼き網に肉を載せ

付録

４つのレシピ ❶

本書で紹介する４つのレシピはそれぞれ４つの変化に基づいている。火で焼く豚の肩肉。鍋で煮込むスーゴ（ボロネーゼソース）。全粒粉のパン、それに、ザワークラウト。料理人から教わったそのままのものあれば、わたしが少々アレンジしたものもある。注意の言葉は、励ましの言葉でもある。また、わたしが料理修業で学んだように、「レシピは決して（調理法〈レシピ〉）ではない」。細部に及ぶ厳密な指示のように思えるかもしれないが、むしろ一揃いの下絵か覚書程度のものと見なしてほしい。いずれもプロのレシピテスター［レシピをチェックする人］に見てもらっているので、そのとおりにすれば、初めての人でもうまくできるはずだ。しかし、その後は好みに合わせて変更を加えるとよい。このレシピはひな形にすぎないので、少々の危険を覚悟のうえで、いかようにも変えることができるし、その結果は大いに期待できる。わたしもこれらの料理やその変形をよく作るが、レシピはたまにしか見ない。そうすることで料理は進化し、レシピも進化する。そして、ついにはあなただけのレシピができあがるのだ。

114–19.

- Blumenthal, Heston, et al. *Dashi and Umami: The Heart of Japanese Cuisine.* Tokyo: Kodansha International, 2009.
- Chaudhari, Nirupa, et al. "Taste Receptors for Umami: The Case for Multiple Receptors." *American Journal of Clinical Nutrition* 90, 3（2009）: 738S–42S.
- Gladwell, Malcolm. "The Ketchup Conundrum." *New Yorker*, September 6, 2004.
- Griffiths, Gareth. "Onions — a Global Benefit to Health." *Phytotherapy Research* 16（2002）: 603–15.
- Kurlansky, Mark. *Salt: A World History.* New York: Penguin Books, 2003. マーク・カーランスキー『世界を動かした塩の物語』BL出版（2008）遠藤育枝（訳）
- Kurobayashi, Yoshiko, et al. "Flavor Enhancement of Chicken Broth from Boiled Celery Constituents." *Journal of Agriculture and Food Chemistry*, 56（2008）: 512–16.
- McGee, Harold. *On Food and Cooking: The Science and Lore of the Kitchen.* New York: Scribner, 2004. ハロルド・マギー『マギーキッチンサイエンス――食材から食卓まで』共立出版（2008）香西みどり（監訳）、北山薫・北山雅彦（訳）
- Rivlin, Richard S. "Historical Perspective on the Use of Garlic" in Recent Advances in the Nutritional Effects Associated with the Use of Garlic as a Supplement, proceedings of a conference published as a supplement to *The Journal of Nutrition*, 2009.
- Rogers, Judy. *The Zuni Cafe Cookbook.* New York: W. W. Norton, 2002.「早めの塩」についての彼女の聡明なエッセイ（pp. 35–38）は必読。
- Rozin, Elisabeth. *Ethnic Cuisine: How to Create the Authentic Flavors of 30 International Cuisines.* New York: Penguin Books, 1992.
- ———. *The Universal Kitchen.* New York: Viking, 1996.
- Sherman, Paul W., and Jennifer Billing. "Darwinian Gastronomy: Why We Use Spices." *BioScience*, Vol. 49, No. 6（June 1999）: 453–63.
- Vitali, Benedetta. *Soffritto: Tradition and Innovation in Tuscan Cooking.* Berkeley: Ten Speed Press, 2004. ベネデッタはイタリアでのサミンの師のひとり。

水という要素について

- Bachelard, Gaston. *Water and Dreams: An Essay on the Imagination of Matter.* Dallas: Pegasus Foundation, 1983. ガシュトン・バシュラール『水と夢――物質的想像力試論』法政大学出版局（2008）及川馥（訳）

- Java, Jennifer, and Carol M. Devine. "Time Scarcity and Food Choices: An Overview." *Appetite 47*（2006）: 196–204.
- Larson, Nicole I., et al. "Food Preparation by Young Adults Is Associated with Better Diet Quality." *Journal of the American Dietetic Association.* Vol. 106, No. 12, December 2006.
- Neuhaus, Jessamyn. "The Way to a Man's Heart: Gender Roles, Domestic Ideology, and Cookbooks in the 1950s." *Journal of Social History,* Spring 1999.
- Pollan, Michael. "Out of the Kitchen, Onto the Couch." *New York Times Magazine,* August 2, 2009.
- Shapiro, Laura. *Perfection Salad: Women and Cooking at the Turn of the Century.* New York: Modern Library, 2001.
- ———. *Something from the Oven: Reinventing Dinner in 1950's America.* New York: Viking, 2004.

アメリカの食事と料理の新たな傾向について

- NPD（Harry Balzerの市場調査会社）のウェブサイトをお勧めする。https://www.npd.com/wps/portal/npd/us/industryexpertise/food.
- 米国労働統計局の米国人の時間の使い方に関するウェブサイト（下記）もご覧いただきたい。
- "American Time Use Survey": http://www.bls.gov/tus/.
- Cutler, David, et al. "Why Have Americans Become More Obese?" *Journal of Economic Perspectives.*Vol. 17, No. 3 Summer（2003）: 93–118. 料理にかける時間の減少と肥満の増加について述べている。
- Gussow, Joan Dye. "Does Cooking Pay?" *Journal of Nutrition Education* 20,5(1988): 221–26.
- Haines, P. S., et al. "Eating Patterns and Energy and Nutrient Intakes of US Woman." *Journal of the American Dietetic Association* 92, 6（1992）: 698–704, 707.

風味の科学（うま味と植物の化学も含む）

- Beauchamp, Gary K. "Sensory and Receptor Responses to Umami: An Overview of Pioneering Work." *American Journal of Clinical Nutrition* 90（suppl）（2009）: 723S–27S.
- Block, E. "The Chemistry of Garlic and Onions." *Scientifi c American* 252（1985）:

- Rumohr, C. Fr. v., and Barbara Yeomans. *The Essence of Cookery*（*Geist Der Kochkunst*）. London: Prospect, 1993.
- Sutton, David, and Michael Hernandez. "Voices in the Kitchen: Cooking Tools as Inalienable Possessions." *Oral History*, Vol. 35, No. 2（Autumn 207）: 67–76.
- Symons, Michael. *A History of Cooks and Cooking.* Urbana, IL: University of Illinois, 2000.
- Tannahill, Reay. *Food in History.* New York: Stein and Day, 1973. レイ・タナヒル『食物と歴史』評論社（1980）小野村正敏（訳）
- Welfeld, Irving. "You Shall Not Boil a Kid in Its Mother's Milk: Beyond Exodus 23:19." *Jewish Bible Quarterly*, Vol. 32, No. 2, 2004.

料理と性別役割分担と多忙な生活について

- Clark, Anna. "The Foodie Indictment of Feminism" on *Salon*, May 26, 2010. http://www.salon.com/2010/05/26/foodies_and_feminism/.
- Cognard-Black, Jennifer. "The Feminist Food Revolution." *Ms. Magazine*, Summer 2010, Vol. xx, No. 3.
- De Beauvoir, Simone. *The Second Sex.* New York: Vintage, 2011. シモーヌ・ド・ボーヴォワール『第二の性１　女はこうしてつくられる』新潮社（1959）生島遼一（訳）
- Flammang, Janet A. *The Taste for Civilization: Food, Politics, and Civil Society.* Urbana, IL: University of Illinois, 2009.
- Friedan, Betty. *The Feminine Mystique.* New York: W. W. Norton, 1963. ベティ・フリーダン『新しい女性の創造』大和書房；改訂版（2004）三浦冨美子（訳）
- Gussow, Joan Dye. "Why Cook?" *Journal of Gastronomy* 7（1）, Winter/Spring, 1993, 79–88.
- ———. "Women, Food and Power Revisited." A speech to the South Carolina Nutrition Council, February, 26, 1993.
- Hayes, Shannon. *Radical Homemakers: Reclaiming Domesticity from a Consumer Culture.* Richmondville, NY: Left to Write Press, 2010.
- Hochschild, Arlie Russell. *The Time Bind: When Work Becomes Home & Home Becomes Work.* New York: Metropolitan Books, 1997. アーリー・ラッセル・ホックシールド『タイム・バインド（時間の板挟み状態）働く母親のワークライフバランス——仕事・家庭・子どもをめぐる真実』明石書店（2012）坂口緑・中野聡子・両角道代（訳）
- ———, and Anne Machung. *The Second Shift.* New York: Penguin Books, 2003.

ティーヴン・J・パイン『ファイア――火の自然誌』青土社（2003）寺嶋英志（訳）

- Raggio, Olga. "The Myth of Prometheus: Its Survival and Metamorphoses up to the Eighteenth Century." *Journal of the Warburg and Courtauld Institutes*, Vol. 21, No. 1/2（January–June, 1958）.
- Segal, Charles. "The Raw and the Cooked in Greek Literature: Structure, Values, Metaphor." *Classical Journal*（April–May, 1974）: 289–308.

第二部　水

煮込み料理の歴史とその重要性について

- Allport, Susan. *The Primal Feast: Food, Sex, Foraging, and Love*. New York: Harmony, 2000.
- Atalay, Sonya. "Domesticating Clay: The Role of Clay Balls, Mini Balls and Geometric Objects in Daily Life at Catalhoyuk" in Ian Holder, ed., *Changing Materialities at Catalhoyuk*. Cambridge: McDonald Institute for Archaeological Research, 2005.
- ———, and Christine A. Hastorf. "Food, Meals, and Daily Activities: Food Habitus at Neolithic Catalhoyuk." *American Antiquity*, Vol. 71, No. 2（April 2006）: 283–319. Published by the Society for American Archaeology.
- Fernandez-Armesto, Felipe. *Near a Thousand Tables: A History of Food*. New York: Free Press, 2002. フェリペ・フェルナンデス＝アルメスト『食べる人類誌――火の発見からファーストフードの蔓延まで』早川書房（2010）小田切勝子（訳）
- Haaland, Randi. "Porridge and Pot, Bread and Oven: Food Ways and Symbolism in Africa and the Near East from the Neolithic to the Present." *Cambridge Archaeological Journal* 17, 2: 165–82.
- Jones, Martin. Feast: *Why Humans Share Food*. Oxford: Oxford University Press, 2007.
- Kaufmann, Jean-Claude. *The Meaning of Cooking*. Cambridge: Polity, 2010. ジャン＝クロード・コフマン『料理をするとはどういうことか――愛と危機』新評論（2006）保坂幸博（訳）
- Levi-Strauss, Claude. *The Origin of Table Manners*. New York: Harper & Row, 1978. クロード・レヴィ＝ストロース『食卓作法の起源』みすず書房（2007）渡辺公三・榎本譲・福田素子・小林真紀子（訳）　茹でる料理と焼く料理の違いについては「料理民族学小論」の章を参照のこと。

Greeks. Chicago: University of Chicago, 1989.

- Douglas, Mary. "Deciphering a Meal," accessed online: http://etnologija.etnoinfolab.org/dokumenti/82/2/2009/douglas_1520.pdf.
- Freedman, Paul, ed. *Food: The History of Taste*. Berkeley: University of California, 2007. ポール・フリードマン編集『世界食事の歴史――先史から現代まで』東洋書林（2009）南直人・山辺規子（訳） 特にヴェロニカ・グリムによるギリシャとローマの章を参照のこと。
- Freud, Sigmund. *Civilization and Its Discontents*. New York: W. W. Norton, 1962. ジークムント・フロイト『幻想の未来／文化への不満』光文社（2007）中山元（訳） 火の使用についてのフロイトの推測を参照のこと（原書では note on pp. 42–43）。
- Goudsblom, Johan. *Fire and Civilization*. London: Allen Lane, 1992. ヨハン・ハウツブロム『火と文明化』法政大学出版局（1999）大平章（訳）
- Harris, Marvin. *The Sacred Cow and the Abominable Pig: Riddles of Food and Culture*. New York: Touchstone, 1985. マーヴィン・ハリス『文化の謎を解く――牛・豚・戦争・魔女』東京創元社（1988）御堂岡潔（訳）
- Kass, Leon. *The Hungry Soul: Eating and the Perfecting of Our Nature*. New York: Free Press, 1994. レオン・R・カス『飢えたる魂――食の哲学 』法政大学出版局（2002）工藤政司・小沢喬（訳） 特に、生贄、カニバリズム、コーシャーについての記述に注目。
- Lamb, Charles. *A Dissertation Upon Roast Pig & Other Essays*. London: Penguin Books, 2011. オンラインでも閲覧可 : http://www.angelfi re.com/nv/mf/elia1/pig.htm.
- Levi-Strauss, Claude. *The Origin of Table Manners*. New York: Harper & Row, 1978. クロード・レヴィ＝ストロース『食卓作法の起源』みすず書房（2007）渡辺公三・榎本譲・福田素子・小林真紀子（訳） 特に「料理民族学小論」の章を参照のこと。
- Lieber, David L. *Etz Hayim: Torah and Commentary*. New York: The Rabbinical Assembly/United Synagogue of Conservative Judaism, 2001. Gordon Tucker の旧約聖書における生贄に関する小論を参照のこと。
- Montanari, Massimo. *Food Is Culture*. New York: Columbia University Press, 2006.
- Plato. *The Phaedrus, Lysis and Protagoras of Plato: A New and Literal Translation* by J. Wright. London: Macmillan, 1900. プラトン『パイドロス；リュシス；酒宴』玉川大学出版部，（1959）三井浩（訳）など
- Pyne, Stephen J. *Fire: A Brief History*. Seattle: University of Washington, 2001. ス

火による料理について実践的な本をいくつか

- Mallmann, Francis, and Peter Kaminsky. *Seven Fires: Grilling the Argentine Way.* New York: Artisan, 2009.
- Raichlen, Steven. *The Barbecue! Bible.* New York: Workman, 1998. スティーヴン・ライクレン『バーベキューの王様が教える世界No.1レシピ』アーティストハウスパブリッシャーズ（2004）高山真由美（訳）
- ———. *Planet Barbecue!* New York: Workman, 2010.
- Rubel, William. *The Magic of Fire: Hearth Cooking — One Hundred Recipes for the Fireplace or Campfire,* Berkeley: Ten Speed Press, 2002.

ハロルド・マギーの著作は、料理の科学に興味のあるすべての人にとって必携の書である：

- McGee, Harold. *On Food and Cooking: The Science and Lore of the Kitchen.* New York: Scribner, 2004. ハロルド・マギー『マギーキッチンサイエンス——食材から食卓まで』共立出版（2008）香西みどり（監訳）、北山薫・北山雅彦（訳）
- ———. *The Curious Cook: More Kitchen Science and Lore.* San Francisco: North Point Press, 1990. 特に17章“From Raw to Cooked: The Transformation of Flavor”を参照のこと。人間がなぜ料理されたものを好むかについてすぐれた洞察が展開されている。
- ———. *Keys to Good Cooking.* New York: Penguin Press, 2010.

火、火を用いた料理、古代の生贄、神話について

- Alter, Robert. *The Five Books of Moses.* New York: W. W. Norton, 2004. 旧約聖書とカシュルート（コーシャー）についてのレヴィ＝ストロースの主張に対するオルターの見解に注目のこと。
- Bachelard, Gaston. *The Psychoanalysis of Fire.* Boston: Beacon, 1964. ガストン・バシュラール『火の精神分析』せりか書房（1999）前田耕作（訳）
- Barthes, Roland. *Mythologies.* Annette Lavers, tr. New York: Hill and Wang, 1972. ロラン・バルト『現代社会の神話』みすず書房（2005）下澤和義（訳）　エッセイ「ステーキとフライド・ポテト」を参照のこと。
- Brillat-Savarin, Jean Anthelme. *The Physiology of Taste.* New York: Everyman's Library, 2009. ブリア＝サヴァラン『美味礼讃』岩波書店（1967）関根秀夫・戸部松実（訳）
- Detienne, Marcel, and Jean-Pierre Vernant. *The Cuisine of Sacrifice Among the*

Ways to Cook Them. New York: Hyperion, 2005.

- McSpadden, Wyatt. *Texas Barbecue.* A book of photographs, with a foreword by Jim Harrison and an essay by John Morthland. Austin, TX: University of Texas, 2009.
- Reed, John Shelton, and Dale Volberg Reed with William McKinney. *Holy Smoke: The Big Book of North Carolina Barbecue.* Chapel Hill, NC: University of North Carolina, 2008.
- Southern Cultures, *The Edible South,* Vol. 15, No. 4, Winter 2009. 南部料理の特集号。

料理の古代史とその進化的意味

- Carmody, Rachel N., et al. "Energetic Consequences of Thermal and Nonthermal Food *Processing." Proceedings of the National Academy of Sciences of the United States of America* 108,48（2011）: 19199–203.
- Carmody, Rachel N., and Richard W. Wrangham. "Cooking and the Human Commitment to a High-Quality Diet." *Cold Spring Harbor Symposia on Quantitative Biology,* 74（2009）: 427–34. Epub October 20, 2009.
- ———. "The Energetic Significance of Cooking." *Journal of Human Evolution* 57（2009）: 379–91.
- Fernandez-Armesto, Felipe. *Near a Thousand Tables: A History of Food.* New York: Free Press, 2002. フェリペ・フェルナンデス＝アルメスト『食べる人類誌――火の発見からファーストフードの蔓延まで』早川書房（2010）小田切勝子（訳）
- Berna, Francesco, et al. "Microstratigraphic Evidence of in Situ Fire in the Acheulean Strata of Wonderwerk Cave, Nothern Cape Province, South Africa." *Proceedings of the National Academy of Sciences of the United States of America* 109, 20（2012）: E1215–20.
- Jones, Martin. *Feast: Why Humans Share Food.* Oxford: Oxford University Press, 2007.
- Symons, Michael. *A History of Cooks and Cooking.* Urbana, IL: University of Illinois, 2000.
- Wrangham, Richard, et al. "The Raw and the Stolen: Cooking and the Ecology of Human Origins." *Current Anthropology* 40（2009）: 567–94.
- Wrangham, Richard W. *Catching Fire: How Cooking Made Us Human.* New York: Basic Books, 2009. リチャード・ランガム『火の賜物――ヒトは料理で進化した』NTT 出版（2010）依田卓巳（訳）

- Zagat, Tim and Nina. "The Burger and Fries Recovery." *Wall Street Journal*, January 25, 2011.

四大元素との関連について

- Bachelard, Gaston. *Air and Dreams*. Dallas: Dallas Institute, 2011. ガストン・バシュラール『空と夢——運動の想像力にかんする試論』法政大学出版局（1968）宇佐見英治（訳）
- ———. *Earth and Reveries of Will*. Dallas: Dallas Institute, 2002. ガストン・バシュラール『大地と意志の夢想』思潮社 (1972) 及川馥 (訳)
- ———. *The Psychoanalysis of Fire*. Boston: Beacon, 1964. ガストン・バシュラール『火の精神分析』せりか書房（1983）前田耕作（訳）
- ———. *Water and Dreams*. Dallas: Pegasus Foundation, 1983. ガストン・バシュラール『水と夢——物質的想像力試論』法政大学出版局（2008）及川馥（訳）
- Macauley, David. *Elemental Philosophy: Earth, Air, Fire and Water as Environmental Ideas*. New York: SUNY　Press, 2010.

第一部　火

アメリカのバーベキューに関する文献は膨大な数に及ぶ。南部料理同盟のウェブサイト（http://southernfoodways.org/）では、貴重な情報源が数多く紹介されている。エド・ミッチェルやジョーンズ家のようなノースカロライナのピットマスターの仕事ぶりや口伝の歴史を収めた短編映画も見ることができる。（http://www.southernbbqtrail.com/north-carolina/index.shtml）。

下記に紹介するのは、南部のバーベキューに関する特にすぐれた著作である。

- Egerton, John. *Southern Food: At Home, on the Road, in History*. New York: Knopf, 1987.
- Elie, Lolis Eric. *Smokestack Lightning: Adventures in the Heart of Barbecue Country*. New York: Farrar, Straus, & Giroux, 1996.
- ———, ed. *Cornbread Nation 2: The United States of Barbecue*. Chapel Hill, NC: University of North Carolina Press, 2009.
- Engelhardt, Elizabeth Sanders Delwiche. *Republic of Barbecue: Stories Beyond the Brisket*. Austin, TX: University of Texas, 2009.
- Kaminsky, Peter. *Pig Perfect: Encounters with Remarkable Swine and Some Great*

参考文献

下記に紹介するのは、本書で引用したもののほか、重要な情報源となり、わたしの思考に影響した文献およびウェブサイトである。ウェブサイトの URL は 2012 年 9 月現在のもの。ここに挙げるわたしの著作はすべて michaelpollan.com. で閲覧可。

序論——なぜ、料理か？

「料理パラドックス」については、2009 年に『ニューヨークタイムズ・マガジン』に掲載された下記のエッセイで言及している。

Pollan, Michael. "Out of the Kitchen, Onto the Couch." *New York Times Magazine,* August 2, 2009.

人間ならではの行動としての料理

- Flammang, Janet A. *The Taste for Civilization: Food, Politics, and Civil Society.* Urbana, IL: University of Illinois Press, 2009. 社会科学者が「料理という仕事」について、性差別と市民生活の面から考察した重要な論文。
- Levi-Strauss, Claude. *The Origin of Table Manners.* New York: Harper & Row, 1978. クロード・レヴィ＝ストロース『食卓作法の起源』みすず書房（2007）渡辺公三・榎本譲・福田素子・小林真紀子（訳） 特に「料理民族学小論」の章を参照のこと。
- *The Raw and the Cooked.* New York: Harper & Row, 1975. クロード・レヴィ＝ストロース『生のものと火を通したもの』みすず書房（2006）早水洋太郎（訳）
- Wrangham, Richard, et al. "The Raw and the Stolen: Cooking and the Ecology of Human Origins." *Current Anthropology*（1999）: 40, 567–94.
- Wrangham, Richard W. *Catching Fire: How Cooking Made Us Human.* New York: Basic, 2009. リチャード・ランガム『火の賜物——ヒトは料理で進化した』NTT 出版（2010）依田卓巳（訳）

料理の産業化と自立

- Berry, Wendell. "The Pleasures of Eating," in *What Are People For?* Berkeley: Counterpoint, 2010. 料理の産業化と自立に関するわたしの見方は、ウェンデル・ベリーの影響を大いに受けている。
- Pollan, Michael. "Why Bother?" *New York Times Magazine,* April 20, 2008.

わ行

アルファベット

ま行

は行

な行

た行

さ行

か行

索引

あ行

著者 マイケル・ポーラン Michael Pollan

1955年ニューヨーク生まれ。ジャーナリスト。カリフォルニア大学バークレー校ジャーナリズム科教授。食、農、ガーデニングなど、人間と自然が交わる世界を書き続けている。オックスフォード大学とコロンビア大学に学ぶ。『ニューヨークタイムズマガジン』常連寄稿者。2009年『ニューズウィーク』誌「New Thought Leaders」トップ10に選出、2010年『タイム』誌「世界で最も影響力のある100人」に選出。著書『雑食動物のジレンマ』(邦訳:東洋経済新報社)は『ニューヨークタイムズ』紙ならびに『ワシントンポスト』紙の2006年ベスト10に選ばれた。他の著書も多くの賞を獲得している。邦訳書は他に『ガーデニングに心満つる日』(主婦の友社)、『欲望の植物誌』(八坂書房)、『フード・ルール』(東洋経済新報社)など。

訳者 野中香方子 のなか・きょうこ

翻訳家。お茶の水女子大学卒業。主な訳書=ロイド『137億年の物語』、ロバーツ『人類20万年 遥かなる旅路』、スウィーテク『移行化石の発見』、ソウルゼンバーグ『捕食者なき世界』(以上、文藝春秋)、ランダース『2052 今後40年のグローバル予測』(日経BP社)、フランシス『エピジェネティクス 操られる遺伝子』(ダイヤモンド社)、ヨーン『自然を名づける』(共訳、NTT出版)など。

人間は料理をする 上 火と水

二〇一四年三月二〇日 初版第一刷発行
二〇二三年五月三一日 初版第六刷発行

著者 マイケル・ポーラン
訳者 野中香方子
発行者 東明彦
発行所 NTT出版株式会社
〒一〇八-〇〇二三 東京都港区芝浦三-四-一 グランパークタワー
営業担当 電話〇三-六八〇九-四八九一
ファクシミリ〇三-六八〇九-四一〇一
編集担当 電話〇三-六八〇九-三二七六
https://www.nttpub.co.jp/
印刷・製本 株式会社 光邦

ISBN 978-4-7571-6058-3 C0030
乱丁・落丁はお取り替えいたします。
定価はカバーに表示してあります。